复旦中文系
文艺学前沿课堂系列

朱立元　主编

黑格尔的艺术哲学

Hegels Philosophie der Kunst

〔德〕克劳斯·费维克　著
徐贤樑　等译

商务印书馆
The Commercial Press

2018年·北京

Klaus Vieweg

Hegels Philosophie der Kunst

Copyright © 2018 by Klaus Vieweg

The copyright of the Simplified Chinese edition is granted by the Author.

本书中文简体翻译版权由作者本人授权出版。

克劳斯·费维克（Klaus Vieweg），1953年生，国际知名黑格尔专家。早年于洪堡大学获博士学位，1988年在耶拿大学通过教授资格论文，1990年起任教于耶拿大学，2000—2002年、2007—2009年担任哲学系主任；现任耶拿大学教授，主要从事美学、黑格尔哲学、实践哲学、德国浪漫主义、怀疑主义的理论史研究。代表性著作有《哲学的平局——青年黑格尔和怀疑主义》《自由的思考——黑格尔法哲学原理》，主编有《艺术的终结和自由艺术的开始》《通向实践理性的构建——变化中的黑格尔》《在英国和德国文学与哲学之中项狄式的幽默》等。

总　序

"复旦中文系文艺学前沿课堂系列"第一批（三本）书即将由商务印书馆出版，我感到欣喜，甚至兴奋。我觉得这是我们文艺学学科正在做的一件大事，一件有助于我们学科和我们的教学科研在国际化方面迈出实质性步伐的大事。

一开始，我们并不十分自觉。我们只是想到，复旦中文系文艺学学科的创建者蒋孔阳先生是我国的德国古典美学研究的开创者，我们应该继承他的研究成果，在新时代把中国的德国古典美学研究提高到一个新水平。这方面，极需要我们加强国际交流，了解国际学界相关研究的新动态、新成果。2015年，我在访德期间专门前往耶拿席勒大学，拜访了国际知名的黑格尔专家克劳斯·费维克（Klaus Vieweg）教授，向他发出了前来复旦中文系讲学的邀请。他愉快地接受了邀请。2016年10—11月，费维克教授如约来到复旦中文系，用英语为硕、博士研究生做了为期8周共16次的讲课。讲课主题是"1800年前后德国美学"，实际上主要讲的是黑格尔的艺术哲学。一位外国教授在中文系做了这么长时间的前沿专题讲课，这在复旦中文系、复旦文科院系乃至国内多数高校中还是不多见的。讲课的内容有不少国内学人不了解的新东西，受到学生的欢迎。因此，我们要求费维克教授将讲稿留下来，由我们负责翻译成中文版。这样，既可以记录国外学者在复旦讲课的精彩内容，也可以展示文艺学学科拓展国际学术交流的具体实绩。

由此，我们萌生了编辑出版"复旦中文系文艺学前沿课堂系列"的想法，因为我们接下来还将不断地邀请文艺学美学领域的其他专家来中文系做系列讲座。如果我们能够把每一位专家的系列讲座讲稿都整理、翻译出版，那么在三五年之后，将会形成一套有一定规模的书系，在国内产生较大的学术影响。目前，请国外著名学者做几个讲座，在我国高校是比较常见的，但是，请一位专家集中一段时间，做系列讲座，就不多见了。至于将他们系列讲座的讲稿以学者个人的名义翻译出版成中文版，近年来几乎没有看到。这类著作不同于一般的学术专著，它同时是现场教学的讲义或记录，是教学与科研结合的成果。于是，我们考虑用这种方式陆续、分批推出国外专家、学者在复旦中文系所做的系列讲座的讲稿汇集。这样，出版"复旦中文系文艺学前沿课堂系列"的构想就成熟了。这不但对于我们文艺学自身的学科建设和教学改革大有好处，而且对于高校文科密切了解国际学术前沿思潮、促进国际学术交流互鉴大有裨益。在我们将这个设想征求中文系领导的意见时，得到了他们的大力支持，出版这套书系的想法于是得以顺利实施。

继费维克教授之后，2017年4—5月、11—12月，应我们之邀，美国著名学者理查德·舒斯特曼（Richard Shusterman）、德国著名学者沃尔夫冈·韦尔施（Wolfgang Welsch）也先后来中文系讲学。舒斯特曼主要讲实用主义美学；韦尔施讲课内容比较广泛，古与今、理论与实践都涉及。他们的讲课同样受到学生欢迎。他们二位也都同意我们将讲稿译成中文出版。所以，在三位专家回国后，我们马上组织力量进行三本书的翻译，准备作为书系的第一批著作出版。翻译过程中，我们一直保持着与三位专家的联系，包括讲稿的章节次序安排、每一讲的标题和全书的总标题等等，都一一与他们商量确定。目前的书名，费维克的《黑格尔的艺术哲学》、舒斯特曼的《情感与行动：实用主义之道》和韦尔施的《美学与对世界的当代思考》最后都是由三位作者自己敲定的。

我们感到十分幸运的是，驰名中外的商务印书馆大力支持我们出版这套前沿课堂书系。当我们提出出版这套书系的设想时，商务印书馆上海分馆总经理贺圣遂先生马上给予热情肯定，并表示全力支持我们先出第一批三本书。由于种种原因，我们交稿时间晚了一些，但是商务印书馆马上安排了一系列具体出版事宜。现在估计，从交稿算起，四五个月三种书就能出齐，真可以说是"神速"了。这真是使我们既感动又感激。在此，我们谨向贺总和有关编辑表示衷心的感谢！

最后，我要说明，这套书系是开放的，第一批三本书仅仅是开了个头。未来两三年，我们还计划邀请几位当代有影响的国外学者来复旦中文系讲课，我们会继续出第二批、第三批讲稿。希望将来"复旦中文系文艺学前沿课堂系列"在国内高校和学界受到更多的关注和重视，产生较大的影响。

是为序。

朱立元

2018年6月1日

目 录

前 言　1

第一篇　席勒、黑格尔论通向自由的审美教育　1

第二篇　怀疑主义的两副面孔——在哲学与文学之间　13

第三篇　有关图像的柔和力量——黑格尔哲学中的想象力概念　29

第四篇　黑格尔实践哲学和美学中的行动概念　49

第五篇　浪漫派的反讽作为美学式的怀疑论——论黑格尔对"先验诗"计划的批判　77

第六篇　探险之旅和幽默小说——黑格尔和劳伦斯·斯特恩　105

第七篇　朝后飞向天堂——在让·保尔和希佩尔作品中的斯特恩式"超幽默"和项狄主义　131

第八篇　形象和概念——黑格尔论"语言"概念对"语言"表象的扬弃　147

第九篇　现代浪漫主义艺术——论黑格尔的"艺术终结"思想　181

附　录　哲学与文学——作为一切哲学之自由面的怀疑主义　203

前　言

2016年10月到12月期间，我应复旦大学中国语言文学系之邀，以访问教授的身份在国际上享有盛誉的复旦大学举办系列讲座。贯穿于整个系列讲座的主题是黑格尔艺术哲学的现实意义。此讲座包含了各式各样的话题，从席勒和黑格尔对审美教育的理解，到文学与哲学之间的关联，再到黑格尔的想象力理论（幻想），直到黑格尔对浪漫主义反讽和幽默的看法。此外还讲解了实践哲学与美学间的关系，以及著名的"黑格尔论艺术终结"的论题，但我强调了对黑格尔而言，艺术之终结同时是自由艺术的开始。

我要对复旦大学美学方向的学科带头人朱立元教授致以最诚挚的感谢，是他友好地邀请我访问上海，访问复旦大学；也要感谢与我保持着长期合作关系的老朋友王才勇教授。最后尤其要感谢我的学生徐贤樑先生（现在以联合培养博士生的身份跟随我学习），他不仅在我的讲座期间担任助教负责了大部分工作，并且也翻译了这本文集的大部分文章。

我非常希望，通过这本小册子的出版能进一步推动中国学界对黑格尔基本思想的探讨，黑格尔这些关于现代艺术哲学的思想对今日仍有着巨大意义。毋庸置疑，黑格尔的美学对整个欧洲的艺术哲学而言乃是最有意义的贡献，它有着极高的现实意义。

我怀念着在上海的美好时光

克劳斯·费维克

第一篇

席勒、黑格尔论通向自由的审美教育

弗里德里希·席勒（Friedrich Schiller）对于 1800 年前后的美学有着特殊的重要性。在以诗歌赢得盛誉之后，他从 18 世纪 90 年代起在耶拿组织了"哲学小屋"。席勒是诗人，而在耶拿时期又是哲学家，对黑格尔而言，这样的评价绝非言过其实。在黑格尔伯尔尼时期的书信中，有一部同时代的著作得到了他最高的褒奖，被称为"杰作"，那就是席勒的《审美教育书简》(*Briefe zur ästhetischen Erziehung*)。[1]

被现代性刻意肢解的整———席勒对康德的反驳

在席勒于 1780 年公开付印的博士论文《关于动物本性和精神本性的关联》(*Über den Zusammenhang der thierischen Natur des Menschen mit seiner geistigen*) 之中，他首先抨击了这样一些哲学观点，这些哲学将身体视为精神的牢笼、看作向完满性进发中令人不快的阻碍，其次也批判那些有享乐主义性质的幸福学说（Glückseligkeitslehren），席勒对这两种立场均加以批判，并认为这两者都有片面性的极端。他将

---

[1] *Briefe von und an Hegel*, 4 Bde., Hrsg. v. Johannes Hoffmeister und Friedhelm Nicolin, Hamburg, 1981, Bd. 1, S. 25.

第一种立场视为"知性的迷途"（Verirrung des Verstandes），它对"作为人的一部分的、人的动物本性大加贬低"，这无疑会与"每个个体的发展"背道而驰，甚至也违逆了"整个人类的发展"。[1] 一种科学的观点必须循着这两极之间的"中线"去观察，观察这两种本性的关联——动物本性和精神本性是不可分割的，而且恰是这关联寄寓着两者间的平衡。在《秀美与尊严》（*Anmut und Würde*）中，席勒集中阐发了这一思想。首先，他尖锐地反对康德（Immanuel Kant）将感性视为道德立法的奴仆的思考进路，尽管充当理性的奴仆对感性而言是更值得称道的，但这仍是对感性的压制。与此类似，在德福关系中，康德为了实现德性上的圆满而偏废了人生的幸福。就席勒而言，这两种本性必须被设定为是协调一致的。在谨慎地从康德的思想中退离出来之后，黑格尔开始写作第一个成体系的哲学片段之时[2]，统一感性和理性的想法就进入了他的视野。于是，行动的意图与后果之间的割裂终须被克服，同时，对知性与感性二分也得加以超越，这两个面向都有待于在一种席勒式的"混合"中得到综合。只有当理性会因这种与动物本性的"混合"而衰弱不纯之时，才会发展出一种外在的、压制自然本性的要求，而显然这种要求是站不住脚的。理性现在与自然（本性）紧密相关，而不再弃自然（本性）如敝屣。在第一个成体系的哲学片段和其他同时期手稿的写作过程中，黑格尔深入地思考了自由概念，并以此为基础，最终与康德的义务论式道德哲学分道扬镳。[3] 黑格尔缘何将席勒的《审美教育书简》高度评价为"杰作"在此处有着最初的阐述。被现代性、被

---

[1] F. Schiller, *Versuch über den Zusammenhang der thierischen Natur mit seiner geistigen*, Stuttgart, 1780, Kapitel I, §§ 7-9; Kapitel II. 本书引文，若有中译本，则参照中译本译文并略做修订，若无中译本，则由本书译者自行翻译。

[2] Hegel, *Frühe Schriften*, Werke in zwanzig Bänden, Theorie Werkausgabe, Auf der Grundlage der Werke von 1832-1845, Neu edierte Ausgabe, Redaktion Eva Moldenhauer und Karl Markus Michel, Frankfurt a.M.: Suhrkamp, 1969 ff, Bd. 1, S. 419-427. 下文黑格尔文集理论版注明为 TWA。

[3] 同上。

时髦所刻意肢解的东西，必须再次被思考为统一体，也就是说，既是我们"幸福感中圆满的"，也是"道德中高贵的"，物质性的身体和理性本性都要重新得到统一。席勒也进一步批评了康德——康德构建的这种伦理特性单纯强调对自然禀赋的牺牲，而不是将自己当作自然的朋友，这种通向自由的方式从人身上夺走的，却是人之为人的条件，这是从人的脚下把自然的梯子撤走。如此，友谊与爱的主题作为一种超越主奴的关系在此已经显现出来。而康德精神所要追求的却与之相反，在理念世界中追寻长存不变的领地并且因此必须与"感性世界"保持疏离。席勒要求思考人的双重本性，思考来自理性和自然的双重立法的统一性，思考源自义务与爱好的双重规定的统一性，在一定程度上要在"精神性"的弗朗茨·穆尔（Franz Moor）和"物质性"的卡尔·穆尔（Karl Moor）之间构想出他们的第三个兄弟，留待考虑的是这第三个"强盗"。[1]

由席勒对统一性热情洋溢的思想，进一步衍生出哲学探讨理应关注的论证风格的运思方式，不仅这种论证式的方式本身，而且他的有关统一性的设想，都在黑格尔的思考方式中留下了深深印记。因此，席勒对1800年前后伟大哲学时代的出现，做出了极其重大的贡献。在席勒看来，"思辨精神"能够克服二元对立：二元对立的一个面向是主观观念论借助主体的诸能力建构经验世界，但这种建构主义尽管敏锐地注意到主体在构建经验中的巨大作用，但却流于空洞，现实按照思维被构造，并且，表象能力的主体方面的诸多条件作为构成事物存在的法则，是高

---

[1] 强盗（Die Räuber）是席勒的长篇戏剧，集中表现了"狂飙突进"运动的精神。全剧的情节围绕着卡尔和弗朗茨之间的矛盾展开，穆尔伯爵长子卡尔精力充沛、才智过人，虽年少轻狂，但本性善良。而次子弗朗茨则是一个彻底的利己主义者。他陷害哥哥，逼死父亲，作恶多端。卡尔无家可归遂落草为寇，因此也饱受良心的折磨。但为盗的卡尔并不代表绝对真理，他既无法宽恕自己的弟弟，也无法面对未婚妻。在此两难处境，卡尔杀死了未婚妻，投案自首。——译者注

高在上的；另一面向则是分析式的分解技术，它否认一切统一性，并企图以经验主义的方式、"根据经验中的片段对所有经验都加以评估"，整全被简约为一种机械性的、完全外在拼凑的钟表模型，这种"学院化的局限"来自自然主义式的实在论（naturalistischen Realismus）与形而上学化的经验论（metaphysizierenden Empirismus）。具体的生命在这两种相互矛盾的处理方式中消耗殆尽。过去的奥德修斯（Odysseus）要越过海峡，这片海岸边潜伏着凶恶的怪兽斯库拉（Scylla）和卡律布迪斯（Charybdis）[1]，与之类似，黑格尔在构建一元论时也必须乘风破浪。席勒就已经提示，要通过"扬弃"的方式来克服这两极。然而，席勒的这种"扬弃"，在此只是停留在抽象的意义上，黑格尔则要做出正确的解释。像席勒那样肆意地放纵想象力是不被允许的，那是在摧毁知性艰苦的劳作。

艺术和教育

按照让·保尔（Jean Paul）的说法，人类不借助对精神的高度培养就无法到达自由，而不凭借自由又无法达到对精神高度的培养。[2] 黑格尔很尊重这位诗人，并提议在海德堡大学授予其荣誉博士学位。对黑格尔而言，教化是其哲学的核心议题，受过教育的公民是对现代社会中自由秩序的唯一稳固保证。在对他纽伦堡中学时期的一位同事所做的充满激情的赞扬中，黑格尔引用了昔兰尼的阿里斯底波（Aristipp）的话描绘了教育的价值：有教养者与无教养者的差别之大犹如普通人和石头间的差别。教育工作者，就像黑格尔用这种凝重的语调进一步指出，他们的任务是为后人传递"教育的财富"，不是将自己当作无生命的工

1　均为《奥德赛》中吃人的海怪。——译者注
2　Jean Paul, *Vorschule der Ästhetik*, Abt I, Bd. 5, S. 201.

具，而是将自己理解为"神圣之光的守护者和祭司"，使得光不至熄灭，也使人类不至于重回远古蛮荒中。在黑格尔的《纽伦堡高级中学的讲话》(*Nürnberger Gymnasialreden*)[1]中，这位哲学家对全部教育加以总结性概括：教育以学生们自我意识的展开为目标，结合着语言、道德、实践、宗教、政治和科学，借此通向了自主(Selbständigkeit)和自由(Freiheit)。学习期间的目标不在于"纯粹的实用性"和在"公共生活中成为焦点"，而是全面的精神教养，因此，"美的世界"必须在课程中得到合适的位置。"美的世界"的核心是对古希腊文化的接受。对较高级的学习来说，古希腊人的文献被热情洋溢地推荐为现代教育的基础。在阅读材料中不仅包含着柏拉图、亚里士多德的著作，也有索福克勒斯(Sophocles)和阿里斯托芬(Aristophanes)的作品。这些杰作必定是精神的沐浴和世俗的洗礼，为灵魂提供了鉴赏和科学所需的最初的、永不消逝的音调和色彩(黑格尔)。

黑格尔在《为高级中学做的哲学教育的报告》(*Über den Vortrag der Philosophie auf Gymnasien*)之中——此文属于黑格尔纽伦堡时期文集的专家鉴定部分——保留了他所表达的不同寻常和关乎现实的建议：将"长期在教学大纲中缺席"的美学纳入课程安排之内，因而在教学活动中，也相应地坚持艺术作品在教育和教化过程中的特殊运用。"美学一方面能带来对艺术品的本质及目的更新、更好的见解，在另一方面，它也应当参与到古代与现代各类特殊的文学作品中，介绍不同民族、不同时代的主要作家，让他们熟悉这些作家的典型特征并通过实例加深认识。"通过这种"富于教益且愉快的课程"就能克服那被黑格尔称为"美学在高级中学的教学系统中没有形成教学内容"这一真实的匮乏。[2]

---

1 Hegel, *Nümberger und Heidelberger Schriften 1808–1816*, TWA Bd. 4.
2 Hegel, *Über den Vortrag der Philosophie auf Gymnasien*, TWA Bd. 4, S. 403–416.

审美教育作为通向自由的教化

审美教育要求人们追求自由。这意味着对自由的思考呈现在感性的可直观的形式（sinnlich-anschauender Form）中，并使之能被认识以及承认。众所周知，黑格尔把自由理解为在他者中保持自身（Bei-sich-selbst-Sein im Anderen）。在他的《美学讲演录》(*Vorlesungen über die Ästhetik*)中，我们读到如下语句："自由作为精神最高的规定"，主体在对立面中发现自身，自由以合乎理性之物作为自己的内容：比如处在行动中的伦理共同体，在思想中的真理。在此，美的艺术承担着和哲学同样的任务：把精神中的不自由纯粹化。它明确包含着解放的层级，即不断提升自由的程度，由较低阶段向上通向哲学洞见的最高阶段，这一绝对知识的展开之路有着决定性的目标，不断向上提升，克服不自由的状态，并借助直观、表象和思维从而使世界成为自己的。

《法哲学原理》(*Grundlinien der Philosophie des Rechts*)构想出一整套逐渐提升的方案，从教育的领域迈向自由：从形式性的法权意识上升到道德教化，通过理论能力和实践能力的培养逐渐通向公民教育。[1] 诚然，在所有这些阶段中，绝对精神的诸种形式——艺术、宗教、哲学并未得到专题化的讨论。但美学的、宗教的和绝对知识-哲学的教育对包罗万象的现代教育概念而言保持着决定性意义。这与黑格尔在建筑学上的隐喻相一致：整个建筑可以类比为一座大教堂，一座"理性的神庙"（Tempel der Vernunft），与在帕多瓦的庄严宏伟的法理宫（Palazzo della Ragione in Padua）类似，内在其中和环绕其间、以自由为本质的各种各样富于生命力的活动得到了统一：法、市场、艺术、宗教和理智。这一大教堂的基座，其实体性的维度之一便是美学，便是美。大教堂代表

---

1 参见 Klaus Vieweg, *Das Denken der Freiheit. Hegels Grundlinien der Philosophie des Rechts*, München, 2012.

了"在他者中保持自身存在"的最高领域，其提示出工作日与礼拜日的生活之间的差异。在这之后我们进入了艺术、宗教、哲学的层面，其内容"均处在同一层面"，对象都是真实与绝对，只是它们借助不同的方式——如直观、表象和纯思使自身具体化。

由是，艺术包含了对真实的图像化说明，对意识而言，真理在感性的形象中呈现出来。概念应当通过穿透感性的媒介而在其普遍性中变得能被理解，概念的统一性借助个别现象显现，这就是美的本质。艺术作品可以被理解为意义与单个形象的统一。作为理念的自然之形态的标示，这便是美的形态，在其自身中除了表现美以外别无他物。艺术作品的创作者和欣赏者一样，艺术品能为主体所创制、所直观，如果艺术作品能表达绝对和神性，那么在作为他者的艺术中，创作者和欣赏者通过自身的感知与感受，都觉得如在家一般，都在艺术作品中找到了"满足和解放"，而直观与意识既维护了自由的精神，同时自身也达到了自由的精神。

自由的艺术和艺术的自由

这揭示出"公民在得到了充分的教化后所做出的决断"能顺理成章地预先展示出绝对精神在客观精神各个领域之中所显现出的诸种形式，来自科学、艺术、宗教和哲学的理智的最高形式也就呈现在市民阶级的意识中。假如没有考虑到客观精神和绝对精神的关系，那这个教育民主与知识民主的方案则是陈腐不堪的，因为，在此首先是知识的部分进入其整体性中，只有那些通过对一切有着广泛了解、掌握全部的信息、拥有健全知识、判断能力，和富于教养的公民才能够自主行事。国家的目标，正如上文所言，是在知识和教育中使国家得到巩固，就是"受过教化成了正在认识自身和希求自身的精神"。"因此，国家知道它希求什么，知道它在普遍性中作为被思考的对象，因此，它能按照那已被意识到的目的和认识了的基本原理，并且根据规律来行动和运作的。"[1] 伦理的意识和审美的意识不是两类不同的意识，而是同一自我意识的两个方面，是同一种念头，自由的思维和自由的意愿这两个方面。这涉及人的自我认识和自我规定得以实体化的方式。就这点而言，精神的本质在自由之中存在、在理智性的和制度性的自我立法之中存在，同样也能在伦理共同体和艺术的真实的诸形态中达到自身在他者之中存在。在国家中所呈现的是"内在性和外在性全部范围的精神现实性"[2]，而自由的意愿则是作为当前的、在世界中现实化的、展开的精神。差异存在于精神形式之中，存在于各种不同的自我规定之中。此外，必须既要在客观精神和绝对精神之间做区分，也要区分出绝对精神自我显现的诸种模式。

艺术是图像化的普遍性和普遍的图示，作为绝对的感性显现和感性的绝对化，它被视为自由的存在处于最高形式之中的表达，意味着对客观精神的有限性的超越，尽管只是在一种特殊的媒介中。艺术是"认识和表现"神圣性、绝对、"人类的最深刻的兴趣以及心灵最深广的真理的一种方式和手段。在艺术作品中，各民族留下了他们最丰富的见解和思想"，并"用感性形式表现最高的东西，因此，它更接近自然现象，更接近感觉和情感"[3]。艺术与宗教和哲学有着"共同的领域"，它是自由的自我意识的重要部分，艺术作品是"第一个弥补分裂的媒介，使感性和精神、使自然和把握事物的思想所具有的无限自由重归和解"[4]。随后黑格尔补充道："艺术是对更高的由精神所产生的现实性的有限显现。因

---

[1] Hegel, *Grundlinien der Philosophie des Rechts*, TWA Bd. 7, § 270. 本书部分译文参照：黑格尔，《法哲学原理》，张企泰、范扬译，商务印书馆，1997年。
[2] 同上，第341节。
[3] Hegel, *Vorlesungen über die Ästhetik*, TWA Bd. 13, S. 89–91. 本书部分译文参照：黑格尔，《美学》，朱光潜译，商务印书馆，1979年。
[4] 同上。

此，艺术不仅不是空洞的显现，而且比日常现实世界反而是更高的实在、更真实的客观存在。"

这些关键词，直观、"表象"、"图像"和艺术的媒介，暗示了黑格尔的表象理论和想象力理论，按照上述说法，艺术被视为得到规定的、特殊的直观和表象的世界。普遍性的直观与表象尽管包含着思想，但如上文所述，它们仍然没有达到概念化思维的阶段，尤其是它们的内容缺乏内在的逻辑必然性，并且在艺术的自由游戏之中，它们也只是创造了艺术的外在形式而不是概念的普遍形式。在自由的艺术的单一作品中，在绝对的感性形象化（Vergegenwärtigung）中，只有当作品实现了自身的目标，即成为美的艺术作品之时，自由的自主性才能被提升为真理。

就此而言，艺术作品是自由之思想的图示化，在那正在创造和正在接受的主体的直观与表象的形式之中，艺术作品能够对伦理生活的合法性做出决定性的贡献。黑格尔将现代性中艺术作品的无限多样性称之为"对多神教的幻想"（Vielgötterei der Phantasie）[1]，在现代性中，这种直观和表象的再当下化变得自由了。每个人在任何一件艺术作品之中都能体会到自由，在艺术品中，被赢得的实体性是充分展现的，而以图示化呈现出来的绝对在表象世界里找到其丰富的反馈。

（徐贤樑 译）

---

[1] Hegel, *Enzyklopädie der philosophischen Wissenschaften*, TWA Bd. 10, S. 362.

第二篇

怀疑主义的两副面孔
——在哲学与文学之间

古罗马的门神，雅努斯（Janus）乃万物之父，是一切开端和起源之神，亦是位长有两张脸的神，这两幅面孔正是开端与终结、入口和出口，它同时象征着陆地与海洋，因而与水陆两栖生物相类似，能自由出入海陆两端（*amphi bios*），具有两栖性的本质。皮浪的怀疑主义（pyrrhonische Skeptizismus）就显示出如此一种雅努斯式的双重面相，就这一点而言，它类似于水陆两栖动物，两栖动物无疑能适应两种地形；而怀疑主义不仅在逻辑论证和知性判断的大陆上，而且也在小说和图像、表象和幻想的深潭中自由地穿梭。神秘的斯芬克斯（Sphinx）似乎尝试去构建一座沟通哲学与文学之间的桥梁、去完成一种哲学与文学间的综合。假如皮浪主义者决心采用这种表达（即哲学-文学的综合），不再局限于缄默寂静（不动心）与开怀大笑（神明一般的肆无忌惮），那么本文之后的思考的重心也就是皮浪主义怀疑的呈现形式、传达方式，以及探寻对怀疑主义而言恰如其分的、适宜的表达风格。这一论题涉及怀疑主义言辞中所内蕴的哲学-文学的混合气质。

在怀疑的迷宫中要找到方向非常困难，其中充满着纷繁复杂的意见，一派众声喧哗。产生这一疑难的一个原因也正在于皮浪主义本身所包含的哲学-文学的双面性还没有得到彻底的澄清。

就通常情况而言，人们仅仅关注了这双重面相中的某一面，而怀疑主义混合哲学-文学这两者的根本特质则被忽视了。如果说，现代人有必要讨论怀疑主义的核心文本或讨论这笔思想财富的源头，那就必须提及皮埃尔·培尔（Pierre Bayle）了，这位法国哲学家在塞克斯都·恩披里柯（Sextus Empiricus）那里见到了现代哲学的真正的源头。

下面，让我们回到古代怀疑主义的主要来源——塞克斯都对皮浪思想的概述，这一回溯意义重大且不可或缺，它揭示出哲学-文学的双重特性的悠久根源。作为古代怀疑主义的大宪章，在塞克斯都著名的《皮浪学说要旨》（即《皮浪之生动呈现》[Die Pyrrhonischen Hypotyposen]）之中，怀疑的能力首先被赋予了探求、悬置与制造困境的综合意义。在双重面相的这一面中（哲学面相），皮浪主义者们将自己理解为不断检视者、全面而细致的审查者和权衡者，他们带着冷静客观和批判性的机智观察着一切，是发问者和考察者。怀疑主义的均势原则[1]借助阿格里帕（Agrippa）著名的五个比方被揭示了出来，而且运用这一原则会视评判活动中的双方为有着同等的效力的存在，例如随着将一切判断为漠不相关的[2]，人们就会对判断行为本身有所保留，即悬置（Epoché）——除了不动心（Ataraxia）以外，这是皮浪所遵循的最核心要旨。

乍看之下，对比方（Tropen，怀疑主义式的修辞）的运用，尤其是阿格里帕的五个比方，表现为一个清楚明白的逻辑论证过程。通过这种论证，独断论的哲学思辨本身的缺陷和无根性就以逻辑-推理的方式被揭示出来了。

然而，再次审视之时，怀疑主义自身的内在矛盾也同样清晰地显露出来：在语言的运用中已然有了"生动呈现"（Hypotyposen）和"比

---

[1] 怀疑主义术语，*Isosthenie*，指矛盾双方同等有效。——译者注
[2] 按照语境将 Gleich 和 Gewichtigkeit 分别译成评判活动中的双方为有着同等的效力的存在和漠不相关的。——译者注

方"。在传统上人们将"生动呈现"理解为修辞形象，顺着这一理解，对塞克斯都而言，"生动呈现"就意味着草图和轮廓，这就如同西塞罗将表象行动视为"摆到眼前来"（Vor-Augen-Stellen），这是一种可视化（Veranschaulichung）的呈现和形象化（repraesentatio，再现），一种通过形象和意象的表现，一种描述，一种叙述性的呈报。我们发现这种显现物和感性化之间的关联也出现在康德的文本中，康德运用"生动呈现"来深入思考"审美理念"（ästhetischen Idee），"审美理念"这一表象由想象力所构成，而没有任何概念与之相适宜。对这种纯粹逻辑-论证的限制出现在所有上述的文本中。而"比方"自己也有在修辞学方面的来源，它起到了"转向"的效果，在转向中，通过一种非根本意义上的表达，成功地建立起了根本意义的表达，例如概念通过一种多义性的隐喻来表达自身。因为表现出了确凿无疑的否定的特性，故而在某些情况下反讽也被算作为比喻，它注定成为表达怀疑的特殊方式。

与在比方中一样，在任何情形下，一旦采用了"生动呈现"的方式，就意味着概念-论证式的方式和表象-图像式的方式相互联系到了一起，它们应当在一个居间的区域中得到定位——假如怀疑主义的表达方式是纯粹的论证，那么皮浪主义者将变成为自己所反对的独断论者，这样他们与独断论的对抗就变成了一场无意义的游戏；倘若反过来，他们仅仅涉及单纯的文学性叙述，那么要求摧毁独断论和径直强调哲学也就变得全然徒劳无益了。交替运动消逝于交界地带之中、隐没于妄下判断和悬置判断的两极之间。

塞克斯都·恩披里柯

在下述关键的引文中，怀疑主义的悬置和对妄下断言的弃绝被清晰地表达了出来："对那些我言说的事物，我并不对其下任何带有保证性质的断语;在任何情况下,这些事物正如我所言说的那样,处在这样的状况,确切地说,我只是根据其当下向我呈现的样子对任何一个单一事物做出叙述性的呈报。"[1] 此处要关注这样一些皮浪的关键词:(1)自我与个别;(2)此地和此时,瞬间;(3)显现物;(4)对个体体验的叙述性呈报。弗里德里希·伊曼努尔·尼特哈默尔(Friedrich Immanuel Niethammer),一位对古代怀疑主义有着精深研究的专家,率先于1791年在德国翻译了此书(指塞克斯都《皮浪学说要旨》),在这份用德语书写的文献中,可以读到如下语句:"首先,其只是如我目前所理解的那样,我所给出的是与我当前所见相一致的、单纯历史性的呈报。"[2] "怀疑主义学派将显现作为自己的原则,并按照这一原则其将显象理解为显象的表象。"[3] 显象和表象均属于怀疑传统脉络中至关重要的术语。皮浪主义者探寻对显现物所做出的陈述,在陈述里,诸显象在一种"合乎体验的表象"的形式中就是事实本身。对皮浪的追随者(怀疑论者)而言,至关重要的是"传达出个人的经验"——那些"呈现为正在被体验着的东西"[4]。皮浪主义者希望采取这一对策避免妄下判断的轻率性,并且同时回避了对知识有效性的要求,而这一有效性在形而上学中是被郑重其事地提出的。

"知识是不可能的"[5],被记在怀疑论者名下的这一断言,恰好被有意识地回避了。由于在这一陈述之中隐藏着另一种有着自身有效性诉求的形而上学,怀疑主义者因而也就趋向于成为否定的独断论者。皮浪主义者只是拒绝每个当下瞬间意义上的知识,这涉及一种暂时性的不做决

---

1 Sextus Empiricus, *Pyrrhonische Hypotyposen*, Frankfurt, 1985, S. 93 (PH, I, 4).
2 Friedrich Immanuel Niethammer, "Probe einer Übersetzung aus des Sextus Empiricus drei Büchern von den Grundlehren der Pyrrhoniker", In: *Beyträge zur Geschichte der Philosophie*, Hrsg. v. Georg Fülleborn, 1792, Heft 2, S. 198.
3 Ebd., S. 209.
4 Ebd., S. 141,着重号在作者的注释3-7中。
5 Thomas Grundmann, Karsten Stüber, *Philosophie der Skepsis*, Paderborn: F. Schöningh, 1996.

断、不予考虑，但这绝非一种原则上的彻底拒斥。怀疑主义者为他们在将来有可能获得的知识保留了余地。他们所描述的是自己此时此地所经历的，他们用一种叙述自己表象的形式传达出自身的诸多体验。任何一个断言作为话语，都必须预先符合于事物此时此地向我呈现的样子。显现物（现象）、表象（幻想）、否定性和纯粹的主体性都熔铸进了怀疑主义的这个计划之中。

就如同塞克斯都在他的《反对独断论者》(Gegen die Dogmatiker)中所谈到的那样，所显现的乃是"特殊的和瞬时的"，他揭示这些显现物是如此这般的否定性的状态，因而试图保持其为单纯个别的主体性和映现之物。[1]

如黑格尔在根本上所洞见到的，怀疑主义的准则发展成了显现物，在这一视角下（与塞克斯都提出的怀疑主义的准则相一致），主观之物（自主的幻想）被理解为纯粹的显现自身和幻想。[2] 原因在于主观性的念头不受一切被给予之物的约束，它不偏不倚——主体性是哲学的自由面相。经过弗里德里希·施莱格尔（Friedrich Schlegel）那令人印象深刻的描绘之后，怀疑主义者力图将哲学中的主体性要素完完全全地表现出来，但这一尝试反而被误用和歪曲成了客观性的丧失——塞克斯都将显象理解为经由自我构成的表象，将现象理解为纯粹的主体性（超越一切客体性之上）、单纯的主观的表象、我的心灵的内在图像。

除去呈报中包含的论证之外，叙事性的、表象性的和审美之物——其中这种审美之物是对普遍性的感性化表达，都证明自身是皮浪主义的表达媒介。皮浪的"生动呈现"占据了这样一种居于论证和叙述之间的中间位置，人们不仅可以将其看成是理论论证，也完全可以当作一种纯

---

1 Hegel, "Verhältnis des Skeptizismus zur Philosophie. Darstellung seiner verschiedenen Modifikationen und Vergleichung des neuesten mit dem alten," In: Hegel, TWA Bd. 2, Frankfurt, 1970, S. 249.
2 Ebd., S. 224.

粹主观性的报道。皮浪的表达方式必定徘徊、摆荡于概念式论证和意象-直观式的隐喻之间，并带有滑向诗歌形式的趋向。下文将选取皮浪主义传统的主角们，并将其作为本文讨论的核心，所选取的这些人物紧紧地贴合综合哲学与文学的尝试，通过对这些人物的分析自然会充分澄清和说明这一尝试中的双重意义。

弗利奥斯的蒂蒙

对皮浪而言，他的哲学就是他的生活方式，他的思想最为贴切的呈现方式就在对这种生活方式如实的叙述之中，对自己的品格如实的描述之中。参照卡里斯图斯的安提哥诺斯（Antigonos）和第欧根尼·拉尔修（Diogenes Laertius）的说法，皮浪以亚历山大大帝侍从的身份将印度术士的学说带回了希腊[1]，并且将之与希腊人对于幸福的想象充分融合。这段印度之行的经历（他借此机会接触到了印度教的[hinduistischen]、耆那教的[jainistischen]和诸多佛教产生之前的思想）不仅改变了皮浪的生活方式，同样也对他的思想根基产生了巨大影响。印度精神与原初皮浪主义之间非常显著的亲缘关系表现在如下方面："安宁的意识"，皮浪主义式的宁静（不动心、无反应[adiaphoria]、沉默[aphasia]）；以自律的均势原则为基准的论证，对政治的漠不关心（apragmosyne）和居无定所的生活方式（漂泊）。[2] 弗里德里希·尼采（Friedrich Nietzsche）对皮浪和印度之间关联的论述，可谓一语中的：皮浪对希腊世界而言就是佛教徒和虚无主义者——皮浪"已然达到了佛教的程度……尽管是希腊人，但却是佛教徒，甚至他自己就是一位佛陀"[3]。

1　Diogenes Laertios, *Leben und Meinungen berühmter Philosophen*, IX, 69.
2　Everard Flintoff, *Pyrrho and India*, In: *Phronesis*, 25 (1980), S. 91-100.
3　Friedrich Nietzsche, *Aus dem Nachlaß der Achtziger Jahre*, KSA 13, S. 277, 265, 347.

皮浪主义因而也就被理解为一种本质上带有东方-亚洲烙印的一个重要环节，进入了整个欧洲的精神史。

弗利奥斯的蒂蒙（Timon von Phleius），这位麦加拉学派（Megariker）领袖斯提尔波（Stilpon）的学生，皮浪的第一个预言者，他对形而上学家同时采取了两种进攻方式——首先，例如在对阿里斯多克勒斯（Aristokles）[1]的描绘中可以发现充满机智的论证，相对于沉默而言，在这第一种攻击形而上学的方式中蒂蒙采取了论证的形式，并且成功拒斥了带有真理性保证和判断形式的那些概念。在以下这个著名的例子中，蜂蜜是甜的，蜂蜜只是对我而言（*phainetai*）是甜的——"任何映象"如黑格尔所言，"不该具有一个有的基础"[2]。同时，在他的讽刺短诗《讽刺诗集》（*Sillen*）中，蒂蒙尖锐地讽刺了独断论者们，将他们的学说讥笑为空洞的想象、纯粹的虚妄和性情孱弱。蒂蒙的讽刺诗歌同时融合了叙述、讽刺、诙谐和揶揄。

卢奇安

在卢奇安（Lukian）的著作中，不仅有对古代诸神的抨击和讥嘲，而且连那些古代的形而上学家也难以幸免，其中出现了一种论辩与文学-审美的结合。卢奇安对自己所采用的这种表现形式的本质有着一种令人惊异的洞见，他将两种自身相互排斥的表达类型——哲学的对话和喜剧——熔铸成一种新的形式。

卢奇安担心他这种对柏拉图和阿里斯托芬的撮合（哲学论证和喜剧创作），即这种反讽式的创作手法，会遭到宙斯的惩罚。[3]于是，站在

---

1 疑为柏拉图的原名。——译者注
2 Hegel, *Wissenschaft der Logik*, TWA Bd. 6, S. 20. 本书部分译文参照：黑格尔，《逻辑学》，杨一之译，商务印书馆，2003年。
3 引证参考 Georg Peters, "Literarisches Philosophieren mit dem Mythos 'Prometheus'", In: *Literarische Philosophie-Philosophische Literatur*, Hrsg. v. R. Faber, B. Naumann, Würzburg, 1999, S. 53.

冥王哈迪斯（Hades）的立场上，从否定的原则出发，卢奇安在《冥间的对话》中采用了一种讽刺的、焕然一新的想象之旅的方式来描绘这种生活的态度和生活的道路。在这一点上，之前提到的那种皮浪式怀疑向着诗歌式表达蜕变的趋向，就变得显而易见了。爱德华·吉本（Edward Gibbons）在他那部里程碑式的巨作《罗马帝国衰亡史》讨论罗马世界的部分也看到了在罗马帝国末期怀疑主义表现为两种模式：经由塞克斯都和雄辩的西塞罗（Cicero）到卢奇安的风趣，怀疑主义不论是在思想的病态还是在趣味的病态之中[1]，不论是在以推理方式进行的瓦解破坏还是在放肆的嘲笑中都有所表现。

米歇尔·德·蒙田

皮浪的基本动机以一种独特的尺度规定着蒙田（Michel de Montaigne）的作品；塞克斯都提出的均势原则被其镌刻到了私人藏书室大门之上，成了其中的一段铭文；并且与皮浪主义者采取的小心谨慎的检验和反复的衡量一样，他把处在平衡状态的天平的形象置于其主要著作的扉页上，作为塞克斯都提出的均势原则的象征。

"人必然带着各自的预设和假定投入斗争，也必然返回到他们各自的预设中去，因为每一个预设都与任何一个其他的预设一样，有着同等的有效性。"[2] 对他来说，哲学论证是一种"生活方式的呈现"，他那著名的信条就是："我是我著作唯一的内容。"

人们的生活就像一场实验，一场旅行——人摇摆于迷狂之兴奋中，沉醉于狂喜和净化之中，其不是被描绘为存在，"不是那个存在"，那个在那里的存在，而是始终描绘他在行走的过程，在旅途中，是闲逛，是

1　Edward Gibbon, *Geschichte des allmäligen und endlichen Untergangs des römischen Weltreiches*, Leipzig, 1862, S. 158, 216.
2　Michel de Montaigne, *Essais, Erste moderne Gesamtübersetzung*, Hrsg. v. H. Stillett, Frankfurt a. M., 1998, S. 249-251 u. 272.

游荡，是自娱自乐，没有任何事先精心制订的地图，也没有目标。"在他出现的那一刻，而我恰好注意到他"[1]，人必定也始终如这句话所说的，借助于一种各个不同的瞬间和各种不同的插曲之间的交互排列的方式，通过一种断片式的、游吟诗人般的叙述，以一种不可替代性和瞬间性被表现出来。蒙田的写作方式也如这样的生活一般，呈现为一种实验——随笔作为一种逻辑论证和文学的混合形式，成了对现实有着巨大影响力的表述风格，他因而给随笔取了一个恰如其分的名字："理论诗"（durchgeklügelten Dichtung）[2]。对此而言，创造力和想象力是根本性的，稳定而持续不断地从一种表象向另一表象的改变乃是核心，他在幻想中看出了皮浪式怀疑的关键内核。

"我不教授，我叙述。"蒙田这句著名的陈述，按照黑格尔的看法乃是一种以诗歌形式进行的哲学论证。

但蒙田也见到了在他所偏爱的这种散文的表达方式中存在的一个根本性问题，在对怀疑主义的诊断中，他所表现出的机智是令人着迷的：皮浪式的哲学无法以传统的言谈方式表达出其最根本的关切。因为我们的语言由真正的表肯定性的句子所组成，而这些句子用皮浪的学说来看完全是互不相容的，怀疑主义的代言人需要一种完全不同的、全新的语言，这有待于被构建出来。[3] 因而这既凸显出了以何种方式表达思维这一问题的非凡意义，同时也确认了皮浪主义根本的困难。而后者可以追溯到皮浪，这位著名的没有留下著作的哲学家。尼采，对古代怀疑主义研究得最为深彻的大行家之一，亦同样点明了这个问题。在这个问题上，他认为蒙田涉及"表肯定性的句子"的一些论述并不那么清晰，并将之归因于蒙田借助了概念，从而借助了逻辑，使得语言本身被污染了。

---

1 Michel de Montaigne, *Essais, Erste moderne Gesamtübersetzung*, a.a.O., S. 270, 290-300.
2 Ebd., S. 268.
3 Ebd., S. 263.

按照尼采的说法，一切生命都停留于假象、错觉、错误和视角的局限。"当我们说树、颜色、雪和花时，我们自以为我们知道有关事物本身的某些事情，而实际上我们所拥有的只是关于事物的隐喻——与原初本质全然不相符合的隐喻。"[1]

我们只得忍受固执呆板的必然性，我们在哪里都无法超越表象。[2] 但是，如尼采自己在另一处所承认的，语言是一种"经历无穷无尽的时间的逻辑的产物"[3]。对尼采而言，"语言有着一种值得赞赏的逻辑运作程序和高贵的地位"，"它表现了人类创造逻辑的能力"。[4] 因此，他也陷入了隐喻大军和概念方阵之间的巨大困境中。

在 18 世纪末，皮浪主义传统深刻影响了德国，并产生了巨大的力量，尤其在理智方面起到了众所瞩目的作用。它特别是借助以下两项计划：

（1）对塞克斯都和怀疑主义学说的深入研究，这对黑格尔思想道路的形成起到了决定性的影响。黑格尔将自己耶拿时期的主要著作《精神现象学》，确切地理解为自身实现着的怀疑主义，看作是对显现着的知识的探险之旅。这部著作内含将真正的怀疑转化为哲学的主体性的、自由的一面的计划，这对黑格尔而言乃是根本性的要求。只有通过扬弃怀疑主义和独断主义这两者才能使得新的第三条哲学之路得以浮现。[5]

1　Friedrich Nietzsche, KSA 1, S. 489.
2　Friedrich Nietzsche, *Fragmente Sommer 1872-Anfang 1873*, KSA 7, S. 457.
3　Ebd., 着重号为本文作者所强调。
4　Ebd.
5　Hegel, "Skeptizismus-Aufsatz", TWA Bd. 2, S. 227. 关于怀疑主义对黑格尔的意义，参见 Hans Friedrich Fulda 和 Michael Forster 的相关论文。也参见 Klaus Vieweg, *Philosophie des Remis. Der junge Hegel und das Gespenst des Skepticismus*, München, 1999; Klaus Vieweg, *Skepsis und Freiheit. Hegel über den Skeptizismus zwischen Literatur und Philosophie*, München, 2007 与 Klaus Vieweg, "The Gentle Force over the Pictures-Hegel's Philosophical Conception of the Imagination", In: *The Inverntions of Imagination*, Hrsg. v. R. T. Gray, N. Halmi, G. Handwerk, M. Rosenthal u. Klaus Vieweg, Seattle, 2010。

（2）浪漫派构建反讽概念的计划代表了第二项对于怀疑主义复兴而言意义重大的事件，在这项计划中，他们试图完成诗与哲学的综合。"只要哲学与诗歌仍是分离的，那这就有待于我们去完成，确切地说是要完成的。"按照施莱格尔的说法："当前时代就是要将二者连接起来。"浪漫派的计划有着一个非常美丽的标题，"先验诗"（Transzendentalpoesie）；在这一计划中他们尝试创造一种"哲学化的诗歌"或者"诗歌式的哲学"[1]。英国非常有影响力的大诗人柯勒律治（Coleridge）也有着相似的期望，希求能在哲学化的诗歌中构建起一种真正的诗歌和哲学的融合物，而他的同道大诗人华兹华斯（Wordsworth）也以此为目标进行创作。[2]

伴随着早期浪漫派和尼采将哲学规定为"操持概念的诗艺"出现了一股思潮，理查德·罗蒂（Richard Rorty）将之描述为"反讽哲学"。如尼采所言："哲学家通过创作来认识，并通过思维来创作。"[3]按照罗蒂的认识来看，形而上学家们以论证和逻辑为其根底；与此同时，反讽诗人们坚持以词汇来进行新的写作和试验，并用文学的机巧和一种类型的文学批判来代替逻辑的论证。这就接着出现了对"诗歌"这一文类的扩展。只有反讽式的才被承认为是真正的哲学，在这种哲学中，"反讽理论"返回到了先验诗式的矛盾修辞。

诗歌作为更值得信赖的媒介起到了对抗逻辑理论的作用。[4]在尼采身上，罗蒂看到了那一类进行全新尝试：从事文学化的人——一种文学性的文化。皮浪的思想因而又风靡了起来，一直到20世纪。它扮演起了对

---

1 参见 Klaus Vieweg, "Die romantische Ironie als ästhetische Skepsis—Philosophie als ewige Hängepartie", In: *Skepsis und Freiheit*, a.a.O., S. 193-214; Klaus Vieweg (Hrsg.), "Transzendentalpoesie und Dichtkunst mit Begriffen—Friedrich Schlegel und Friedrich Nietzsche", *Friedrich Schlegel-Studien* Bd. 1, Paderborn, 2008。

2 我要感谢詹姆斯·维格斯（James Vigus）（伦敦）关于柯勒律治所做出的提示。

3 Friedrich Nietzsche, *Fragmente*, KSA 7, S. 439.

4 Friedrich Nietzsche, *Fragmente*, KSA 7, S. 180.

哲学而言必不可少的魔鬼辩护士（*advocatus diaboli*）的角色，并且持续使其任务趋向极端，扩展到文学和哲学之间的过渡点。[1]

表象一方面与幻想有着紧密的内在联系，而另一方面又与概念和逻辑论证脱不开关系；更确切地说，是与判断有关，这两层关系形成了表达媒介性的核心问题。到底如何区分隐喻和逻辑、文学和哲学呢？可能存在着一种从一端到另一端的过渡吗？过渡和混合形式还能保有着哪些哲学和文学-诗歌的尊严呢？显现物、幻想、表象、想象力，以及表象的语言的问题，理解这样一些问题域的所必要的重要支柱，以及对怀疑问题研究的一些基本着眼点都能在黑格尔对理论精神的思考和他的想象力理论中被找到，这一切都奠基于黑格尔对怀疑主义的扬弃，尽管直到现在这一领域还很少被关注到。[2] 在这一关键点上只有很少一些基本的要素被粗浅地勾勒出来，而仅就这些稍显不足的要素而言，其中已然清晰地表明了自己和怀疑主义的关系。

简短的总结

与怀疑类似，在幻想的那里也展现出两个面相：自由与非自由，坚持与否定，平静与躁动。恰好这表象、生动呈现的双重面相，对现象之物和逻辑之物的融合物、对图像和概念的结晶而言，也完全适用。幻想处在直观和思维之间，因而仍未达到以思维自身的思维的形式来进行自我规定，未达到以概念来进行认识的圣像破坏运动[3]。

---

1 参见 Klaus Vieweg, *Skepsis und Freiheit*, a.a.O.; Klaus Vieweg, Richard T. Gray (Hrsg.), *Hegel und Nietzsche. Eine literarisch-philosophische Begegnung*, Weimar, 2007.

2 参见在上书中论黑格尔和想象力的代表性论文。

3 圣像破坏运动：原指 8 世纪到 9 世纪之间拜占庭帝国大规模反对东正教偶像崇拜，运动中破坏大量宗教圣像，因此也成反图像崇拜。作者的意思是，反对以表象为认知方式，要提升到概念的思辨高度。——译者注

怀疑的两种变体——思维着的论证的怀疑和文学-艺术的怀疑——对于去寻找真理而言，都以它们的否定性力量成了根本性和批判性的试金石，在思辨的维度里怀疑是哲学的否定面向和自由面向，而在创作的维度那里怀疑又成了艺术的否定面向和自由面向。不仅对论证性的怀疑而言检验标准是绝对必要的，而且对大笑和幽默的考察，即对这种借助讥讽和幽默来完成的批判性检验也是完全适用的。正如思维着的怀疑通过逻辑来工作，而隐喻式的怀疑以另一种方式、另一种语言做着相同的工作。借助笑所能起到的腐蚀性的作用，通过"喜欢讽刺的尖刻灵魂"（让·保尔），那些神圣不可侵犯之物的虚假面具被揭下了，否定性的思想和主体性的思想以表象的形式被多样化地和令人印象深刻地表达出来了。通过其否定性的思考，对不带任何先入之见的检查的思考，对"理性法庭"（Gerichtshof der Vernunft）合法性的思考，那得到充分区分的哲学的怀疑能够作为行之有效的工具来对抗前提的轻率性和欺骗性，对抗宣扬纯粹直接性的时髦的神话，对抗一切依赖假设的病态方式，对抗一切歪曲真相、隐藏事实的固化的独断主义。

　　诗歌化和哲学化之间、叙述与论证之间清晰的区分是至关重要的。在亚里士多德和黑格尔看来，概念艰苦的劳作乃是独属于哲学的崇高伟大的任务。设定这种"感性表象的方式"是一种对艰难道路的回避，这条道路必须要以概念的方式将事情表现出来，而回避这条艰辛之路也表明了表象方式"无法清晰明白地表现事情"。因而那些运用概念的诗人们相信在其哲学探索的敏感点和关键点上，已经从运用根据和进行检验这两种方式中解放了出来（不再依赖这两种方式了）。怀疑主义尝试通过采用诸如作为直接性的形式起作用的圣灵降临或者固守习惯等手段来避免以概念来认识的努力。在这种对艰难道路回避而采取的方便且流行的方式中，类比、隐喻、图像和家族相似取代了论证式的理由与根据。

　　尝试着达到区分差异，尝试着达到双重生活的并行不悖，尝试着熔铸两种表达形式，这最终还是不够的。皮浪主义呈现出一派混合形态的面貌，就像狮身人面的斯芬克斯一样，它既不是诗歌也不是哲学，既不是鱼也不是肉。如此这般的怀疑主义显示出一种水陆两栖的双重本质，一种"吟游诗人吟诵的知识"的矛盾修辞法，一种"理论诗"，一种尝试在感性形态和逻辑形态之间的虚空中都能游刃有余的形式。但总之，怀疑主义总是一位辩护士，它对于跨于文学与哲学之间桥梁之上的否定性乃是必不可少的。

（徐贤樑　译）

第三篇

有关图像的柔和力量
——黑格尔哲学中的想象力概念

在黑格尔看来，亚里士多德对精神和认识的思考，特别是其研究灵魂的著作，"作为对灵魂思辨的兴趣的成果，时至如今仍然一直是最为杰出且独到的"[1]。与此相应，将概念再次引入有关精神的知识应当是一门精神哲学的唯一目的和最终完成。从当下知识理论的视角来看，黑格尔鼓吹逻各斯（Logos）这一具有2000多年历史的概念，并顽强固守"知识的逻各斯"（Logos des Wissens）、"认识论中的逻辑"（Logik des Epistemischen）这可能显得非常不合时宜。

但即便如此，在黑格尔时代结束200年后的今天，我仍打算仔细介绍这个貌似过时的思想，并力图论证：就当下对认识的哲学反思而言，黑格尔对想象力（Einbildungskraft）概念的重新构建依然具有重要价值。简而言之，那乍看起来如同积满灰尘的阁楼的东西将很快表明自己其实是鲜为人知的无尽宝藏，并成为当代知识哲学与美学的柱石。关于想象力的本性与作用的争论如同一座使人深陷其中的迷宫，而黑格尔的理论就像指引我们走出其中的阿里阿德涅之线（Roten Faden）。然而在这里，我只能对黑格尔认识论的逻辑根据做一个简要的勾勒。

---

[1] Hegel, *Enzyklopädie*, TWA Bd. 10, S. 11.

想象力与精神

黑格尔的构想方案具有巨大的优势,这一优势体现在它在整个精神学说中的特殊运用上。关于这种特殊运用在体系的建筑术中的地位,我们可以大致将其视为哲学百科全书中的哲学心理学的文本基础。

(1)想象力应被视为精神(Geist)的一个特殊组成部分、一个发展环节或一种普遍的运作方式。黑格尔的术语"Geist"表达的是一种哲学的、形而上学的原则,无论翻译成"心灵"还是"灵魂"都不能充分展现它的含义。为了把握这一术语,人们必须将其理解为自我生成的一系列不同阶段。这一自我生成(Sich-selbst-Generieren)意味着精神的自我规定或曰自治,亦即作为自我解放的精神的自己规定自己(Sich-selbst-Bestimmen des Geistes als Selbst-Befreiung)。自由是精神的形式上的本质,它可以被视为精神"自己解放自己"的进程,可以被视为"自由"这一概念的实现。以此方式,精神就使自己摆脱一切不符合自己概念的东西,从而不受任何不适于它的形式的束缚。自由并不是说在他者中存在,而是回归到它自己。

(2)这种自我关联,作为活跃的自我生成过程,被构想为精神的一种符合逻辑基础且环环相扣的运动。从低级的抽象规定性到高级的具体规定性,一切都按照思维的必然性向前推进。这样来看,前一阶段的规定性会在更高的阶段显现为环节,并获得其作为某一部分而存在的正当性。这一进程的核心乃是一种圆圈式的运动,即向根据的回返,是思维本身。它将进展运动限定为向基础的回归,从而可以澄清许多误解,比如以下常见的错误观点:认为知识活动只是一种聚集,是那些被发现、被分析,然后被带入相互关系的诸能力的总体。[1] 这一环环相扣的进程并

---

1 诸能力"如同一个包裹,装满了各种能力的包裹"(Hegel, *Enzyklopädie*, TWA Bd. 9, S. 169)。(参见 Klaus Düsing, "Hegels Theorie der Einbildungskraft", In: *Psychologie und Anthropologie oder Philosophie des Geistes*, Hrsg. v. Franz Hespe u. Burkhard Tuschling, Stuttgart, 1991, S. 298-307。)

非经验主义-心理学式的时间序列，而是与精神的自我发展有着密切关联。从一开始，这个运动就表现为一种思想，它借助逻辑的发展获得自身的正当性。这种向被规定了的知识的提高过程与方式"本身就是合乎理性的，并且是理智活动的一个规定到另一个规定的一个由概念决定的必然的过渡"[1]。通过这种方式，黑格尔可以在严格意义上规定出知识的逻辑的轮廓，亦即认识论的轮廓，并将其与"诸心灵能力的分析或综合"明确区分开。在《逻辑学》中，所生产的个体性和普遍性之间的关联、主体性和客体性之间的关联均以此为根据，且同时它也因成为"实在哲学的"（realphilosophisch）而证实了自身的合法性。

（3）想象力的机能属于理论精神的第二层级，黑格尔将这一层级称为"表象"。理论精神或理智（Intelligenz）（以下我更愿意用"理智"这个词），在哲学百科全书的体系中占据重要地位，在主观精神的领域中，在此处发生的是从现象学——亦即意识的立场——向精神的立场的转化。这么看来，我们其实处在哲学化的形式上的开端——因为科学必须"以摆脱意识的对立为前提"[2]。本阶段之前，现象学的发展结果揭示了意识这一范式的片面性，以及意识与对象、心灵与世界、主体与客体间的二元对立。若想使得这些对立在原则上实现统一，就应当表明，我们不再处于（双方）相互外在的关系之中，而是进入内在关系，进入精神的自我关联，进入精神那自我规定的普遍性。因此，我们所试图认识的任何事物、我们想要知道的一切都必须被理解为精神的自我构形（Selbst-Formierung）；它们都必须被理解为"精神"，这是一元论的观念论的核心要素。

---

1 Hegel, *Enzyklopädie der philosohischen Wissenschaften*, Zweite Ausgabe, Heidelberg, 1827, S. 415. 《哲学百科全书》的"精神哲学"部分，部分译文参照：黑格尔，《精神哲学》，杨祖陶译，人民出版社，2006年。

2 Hegel, *Wissenschaft der Logik*, TWA Bd. 5, S. 45.

精神一方面将其自然设定为它的世界,一方面又预设世界有着独立的本性。而上文所述的那种统一,用黑格尔的话说,正是这两方面的统一,是被设定的和被预设的世界的统一。与此相应,诸规定性的统一也是为客观方面所固有的,在这种客观方面的存在,是为精神所设定的。客体性证明自身乃是精神的主观性,而精神的主观性也被证明是客观的。

作为理论精神的逻辑演进过程,知识前行的道路依次经历了主观的理智内在性、在自身之内的抽象的自我规定,以及用认识的"语言"进行表达这三个阶段,它们构成了这条道路上的三大关口:直观、表象与思维。幻想则在其中处于最中间的位置,是感性(*aisthēsis*)与理性(*noēsis*)的接合点。[1] 它关系到从单纯的确定性向真正的知识的过渡。在这一过渡中,自在的合乎理性的内容所具有的形式从外在个别性、一般的主观普遍性发展为个别性与普遍性的真正统一,即被提升为规定了的知识。起初,真正的内容只具有与精神不相符合的形式;知识的理智化过程则表明,它从上述不完美的形式转化为概念的形式具有必然性。在有限的主体性的自我建立中,表象阶段,或者说想象力是不可或缺的过渡与中介。[2]

从直观到表象

在理智自我规定的最初阶段,我们必须首先简要描述一下直观的主要特征。这对于对想象力机能的理解是必不可少的,而且其本身也具有非常重要的哲学意义。在意识这一范式被克服之后,理智不再像关联于

---

[1] Hans Friedrich Fulda, "Vom Gedächtnis zum Denken", In: *Psychologie und Anthropologie*, a.a.O., S. 326.

[2] Klaus Düsing, "Hegels Theorie der Einbildungskraft", a.a.O., S. 311–312.

对象一样关联于它的内容，而是仅仅关联于它自己的规定性。在此理智发现，主观与客观的规定性的分裂不过是表面上的分裂。

这种逻辑结构的最初表现形式包含在直观之中。在直观中，一个被给予的内在或外在的感觉（或刺激）(Affektion) 以主客观统一的样貌显现出来。某个个别性的、特殊性的内容既是客观对象，同时又表现为是被某个个别性的、特殊性的主体所设置的东西。起初人们认为，内容只能从对外物的感觉中发现，或被外在的感觉所给予，内容不过是对外物影响或效果的接受。可现在，内容自己证明了自己与主体所设定的存在是同一的，"客体方面的影响"同时也揭示出自己是"主体的表现"，发现即设定。"所予的神话"作为实在论的假定只是一种假象，它已然被揭穿、被驳倒，并因此导向了其反面，即"被建构的神话"这一主观主义的论题。在黑格尔看来，直观建立了最直接、最切近的形式，在这一形式中，主体像关联于自己的规定性那样关联于据说是被给予的内容。直观是"直接的在场"，是个别性的"我"在此时与此地的"呈现"，或者援引亚里士多德所说的——在直观中，感受性与活动性达到了统一。[1] 我们关注的不是纷繁复杂的种种直观，而是已有的存在和被创造的存在的直接统一。[2] "我的所见是蓝的"与"那儿有一个蓝色的对象"这两个论断被结合了起来；在直观中，两种主张的效果被设定为同一的。观者与被观之物、听者与发声之物、心灵与世界在此被接受为同一的。直观那单一的精神结构，即它的逻辑-创作（Logos-Verfaßtheit）(韦尔施)[3]，在此也被揭示了出来。所谓纯粹直观（还有所谓纯粹表象）仅仅从表面上

---

[1] Hegel, *Vorlesungen über die Geschichte der Philosophie*, TWA Bd. 19, S. 205. 本书部分译文参照：黑格尔，《哲学史讲演录》，贺麟、王太庆译，商务印书馆，1959 年。

[2] Hegel, *Phänomenologie des Geistes*, TWA Bd. 3, S. 231-232. 本书部分译文参照：黑格尔，《精神现象学》，贺麟译，商务印书馆，1979 年。

[3] Wolfgang Welsch, *Aisthesis. Grundzüge und Perspektiven der Aristotelischen Sinnenlehre*, Stuttgart, 1987, S. 140-152.

看才是纯粹的；实际上，从一开始，直观和想象力就被思维所沾染，所影响，所规定。直观既是感受的，又是理智的；既是自然而然的，又是合乎理性的。"产生与被产生者形成了一个统一体。"[1]"因此人总是在思维着的，即使当他只在直观的时候，他也是在思维。假如他观察某种东西，他总是把它当作一种普遍的东西，着重其一点。"[2]这一观点可以从保罗·塞尚（Paul Cézanne）——这位视觉与直观的大师——那里找到依据。在与若阿基姆·加斯凯（Joachim Gasquet）的对话中，塞尚认为被看到的外在的自然与被感受到的内在的自然是"并行的文本"，二者是相互渗透的。[3]

感觉需要注意，注意将某物聚焦为抽象的同一，它与一个仅仅被设想为客观和自立的存在（即被注意的对象）相关联，但这个存在本身也是抽象的他物。似乎没有别的内容能像直观的对象那样，让理智如此明显地感到自己是被从自身之外规定的。这就是对事物的最初的知识。完整的知识此时尚未出现，出现的只是对事物的初次窥探，甚至还算不上了解（Ein-sicht）。就被发现、被给予的一面而言，对受到刺激而得到的内容来说，一种外在于主体的存在与之密切相关。所以，直观必须将这些内容向外投射进时间与空间中去[4]，以便在时空的形式之中直观到特定的内容。时空性应被视为"最初的抽象外在化"[5]，理智需要这样一种形式性的环境（Milieus）：在其中，一物与另一物处于既区分又连续的相互

---

[1] F.W.J. Schelling, *System des transzendentalen Idealismus. Ausgewählte Schriften*, Hrsg. v. Manfred Frank, Frankfurt, 1985, Bd. 1, S. 528. "这就是说，'我'是同一的，我的行动在形式上既是自由的又是被迫和被动的"，同上，第523页。"逻各斯是理性，是事物的本质，又是言语，是事物和言说，范畴。"(Hegel, *Enzyklopädie*, TWA Bd. 8, S. 190.）

[2] Hegel, *Enzyklopädie*, TWA Bd. 8, S. 83.

[3] Paul Cézanne, *Gespräch mit Joachim Gasquet*, 转引自 Werner Busch, *Geschichte der klassischen Bildgattungen in Quellentexten und Kommentaren*, Darmstadt, 2003, Bd. 3, S. 324。

[4] Hegel, *Enzyklopädie*, TWA Bd. 10, S. 249; 另参见 F.W.J. Schelling, *System des transzendentalen Idealismus*, a.a.O., S. 530 ff.。

[5] Hegel, *Enzyklopädie der philosophischen Wissenschaften*, Zweite Auflage, a.a.O., S. 418.

关系之中。如果要对感受的内容做具有认知意义的规定，那么时间与空间便是不可或缺的坐标。[1]

弗里德里希·谢林（Friedrich Schelling）将现在存在的东西理解为向某个瞬间、某个时间点的回溯性生成，而这个点本身是我们无法真正达到的。为了能把一般对象直观为对象，自我必须把过去的阶段设定为现在的东西的根据，因此，过去的阶段只有通过理智的运动才不断产生出来，而且只有当自我的这种追溯活动是必要的，过去的阶段才是必然的。[2] 时间与这种理智的运动是两块重要的砝码，由于它们，一个事件才能被直观。对黑格尔而言，空间和时间既是主观的形式也是客观的形式。在此，空间和时间作为自然的存在形式，同时既不是单纯的客观性的概念，但也不能像康德那样只是将二者当作纯粹主观的直观形式。这即是说，对知识而言，理性并非仅仅只是起到范导性的作用，而是建构性的。

注意要求主体纯粹沉浸于对象之中，要求主体漠视其他一切事物，也要漠视其自身。为了使事物成为内在的，这种对事物的内在体认必须趋向事物。这一趋向对知识而言是不可或缺的，而恰恰因为主体与事物在根本上就具有相关性，这一趋向才得以完成。在此值得讨论的一点是对事物的全神贯注，它意味着我们在不经反思的情况下，为了怀疑并克服自身的独一无二和虚荣自负，便让事物统治我们。这种对对象的献身，就如黑格尔所讥嘲和挖苦的那样，对于自视甚高的教养来说它们经常被看作是毫无必要的。[3] 对一切先入之见的取消、对一切看似确凿无疑知识的动摇、（皮浪-佛教式的）自身中的宁静和对自我确认的否定以及

---

[1] Jens Rometsch, *Hegels Theorie des erkennenden Subjekt*, Dissertation Heidelberg, 2006, S. 173；此处，我对洛梅奇允许我参考他的博士论文表示感谢。
[2] F.W.J. Schelling, *System des transzendentalen Idealismus*, a.a.O., S. 554.
[3] Hegel, *Enzyklopädie*, TWA Bd. 10, S. 250.

对取消外在时间——这种取消将会承受停滞不前和丧失自由的风险——的否定,都与主体性的自我确认处在对立中。全神贯注的内容也是我的内容,但又不单纯是我的内容,因为主体性转化为客体性,而客体性又借主体性构成。内在性的形式可以转化为外在性的形式,反之亦然。在这样的往复变换之中,在这样与皮浪主义类似地来回震荡之中,理智达到了自我规定的第一个阶段,即形式上的自我规定。它是一种纯粹且简单的特殊性,仅仅能体现出一种共同的主观普遍性(即直观的共通性)以及直观本身的有限性。[1] 通过向内在的进一步深入,通过回想的作用,直观的时空规定性便发生了转化,同时直观也就被直接扬弃——被保留也被否定,被带向更高的阶段——为表象,因而空间和时间的规定性都发生了改变。黑格尔是如此描述这一跨越的:"理智在表象中的道路是:使直接性成为内在的,是自己在自己本身内直观着,同样扬弃内在性的主观性,在它自身内外在化这内在性,并在它自己的外在性里就是在自己里。"[2]

表　象

回　想

最初,在第一阶段中,对直观而言有效的直接性,即存在者由于其自身的有限性而被改变了,它变成了过去了的东西,但同时理智也把直观保存为内在的、无意识的当下性的东西。黑格尔用德语完成时那里所使用的"haben"来表达这层意思,它不仅表达了某种过去有过的东西,而且还是现在有的东西,是一个相对于现在的过去。[3] "理智作为直观在

---

[1] 参见之前所提到的洛梅奇的研究,第173页及其后。
[2] Hegel, *Enzyklopädie*, TWA Bd. 10, S. 257.
[3] Ebd., S. 256 note.

开始回想时就把感觉的内容设定到它的内在性里,即它自己的空间和它自己的时间里。"[1] 如此一来,内容就如黑格尔所言转变为意象,它摆脱了直接性与抽象个别性的束缚,获得了理智的"我"的普遍性。施莱格尔谈到意象时,做出如下的论断:"意象是一种从物的强权下被解放出来的对应物。"用康德的方式来说,在这里值得讨论的是在不经直观的情况下表象一个对象的能力。由理智设置的这一独特的时空是有效的普遍的时空,在其中,内容首次获得了不同于过去的直观的持久性。[2] 另一方面,直观的时间与空间仅只是特殊性,依赖于对象、事物的直接在场。而我的意象可以随时随意地改变内容的这一原初规定性,当此原初的规定性被消解后,外在的时空也就被消解了。

回想是表象的第一种方式。在这一阶段中,意象被"无意识"地永久保存在理智之中。黑格尔沿用亚里士多德的隐喻(德里达[Derrida]对其十分赞赏),将其比作"黑夜的矿井"。它储存着无限多的意象,但它们并没有进入意识,只作为不活跃的灵魂而沉睡着。内在性的矿井是一座容量巨大的存储器,有无限量的意象与表象安眠其中,但它本身却隐没在黑夜里,成了一间无限广阔但伸手不见五指的画廊,如同没有光亮的卢浮宫一般。这些意象诚然是理智的财产,可以合法地要求不被侵犯与剥夺,但它们还不能算是我的实际所有物;这里尚缺少随意唤醒沉睡的意象的能力,也就是缺少意志,缺少使用这座传奇宝库的自由力量。全部规定性都还仅仅是可能性,它们被包蕴在种子之中,播种在无意识的阴暗的春天里。[3] 这个春天就是自在的普遍存在,但其中有区别的

---

1 Hegel, *Enzyklopädie*, TWA Bd. 10, S. 258.
2 Ebd., S. 259.
3 涉及"自我作为容纳一切的储藏室、容器和庇护所"时,黑格尔也在其他地方有如下的表述:"每一个人都是诸多表象的整个世界,而所有这些表象皆埋葬在这个自我的黑夜中。""由此足见我是一个抽掉一切个别事物的普遍者,但同时一切事物又潜伏于其中。所以我不是单纯抽象的普遍性,而是包含一切的普遍性。"(Hegel, *Enzyklopädie*, TWA Bd. 8, S. 83.)

东西还没被设置为现实的分别。[1] 这无定形的、混沌的、冷淡的无尽之海作为理智的黑暗面,是理智之普遍性的新形式。我们确信它是一个装满宝藏的巨匣,却不能分辨里面到底有哪些形形色色的珠宝。意象,按照黑格尔的看法,不再存在,不再存在于意识中,而是在那过去中,它们现在作为"无意识"而存在,因为只有通过区别,只有把差别置于当下性的光亮之下,认识才可能进行下去。

因此我们来到了由回想通往想象力的桥梁之上,它指向表象的第二阶段,即通过内在的图像化与内心的复现,通过图像内在的当下呈现,克服了定在之消逝。内在被摆放到和引介到理智之前,被推到内在眼睛之前。理智令沉睡的意象苏醒,从而可以根据内容的相似性将意象与直观联系起来。除此之外,想象力最初的创造物也表现为一个被众多没有时空形式和无所限定的形象所充满的世界,它设定出这些令人惊讶的构型。[2] 原则上,在这里发生着的是一种归摄作用,比如将"蓝色"或"悲哀"的感觉系于一个普遍形式之下——"蓝色"的悲哀。康德(黑格尔在此紧随康德)也曾谈到过这种综合杂多的能力:"这即是说,想象力应当将复多的直观带入一个表象;所以它必须预先在印象的活动中将印象记录下来,比如说,领会它们。"[3] 在领会(Apprehension,即把杂多归摄到表象的统一体之下)的基础上,理智便可以内在地占有它的财产,占有众表象,并且外化它们,给本属内在的它们敲上外在性的印章。理智可以把对它来说独特的东西内在地与自己对立起来,并因而能够把握其定在,在自身之中存在——作为内在性的自由的主体性而内在地形象化。

表象的归摄活动或反思活动是一种普遍性的力量,凭借这种力量,

---

1 Hegel, *Enzyklopädie*, TWA Bd. 10, S. 260.
2 参见 F.W.J. Schelling, *Philosophie der Kunst*, Ausgewählte Schriften, Bd. 2, S. 222.
3 Immanuel Kant, *Kritik der reinen Vernunft*, KrV A, S. 120. 本书部分译文参照:康德,《纯粹理性批判》,邓晓芒译,人民出版社,2004 年。

表象表明自己是联结以下两者的中介：一者是对自身被规定的直接发现，另一者是作为理智最完满形式的思维。很多人，尤其是艺术家常常会强调一种与思维无关的纯粹想象力，这完全是一种错觉。表象在根本上就被思维所影响和决定着，它将自己置于直观与思维之间的广阔星域中并作为铰链连接二者。这即是说，表象是感受（即特殊）的普遍化，也是普遍的特殊化和感性化；是直观的普遍性，也是普遍的直观化。在这个过程中出现了与表象活动类似的情况，即一种特殊的力量贯穿始终，但这却并不是什么值得称道的优点，反而是一种缺陷。

在经历了上述冗长但对理解来说十分必要的准备后，我们终于可以直奔我们的主题——想象力，作为对"意象的规定活动"的幻想，从发现到创造的根本性过渡。这是黑格尔关于符号形式的理论、关于符号之逻辑的理论基础，德里达正是因此而称黑格尔为现代符号学的创始人的。

想象力

第一阶段：再生性想象力

如前文所言，意象是内在地被再呈现的，理智使得众意象摆脱了原初的具体时空，并亲自将它们置于新的时空之中。在这种抽象和普遍表象化的基础上，理智完成了对内容的偶然任意的再生产。这一系列被认为是相续的事件，亦即相似表象间的相互吸引，这其实依旧是理智自身的活动，它令单个直观从属于被内在地构建起来的意象，并因此使自己获得普遍性，把普遍性呈现为某种共同的东西，把普遍性突出-呈现出来。[1] 理智要么赋予事物的某个特定方面以普遍性地位，突出玫瑰的红，突出大海的蓝，要么赋予具体的普遍性以固定的形式，以植物界定玫

---

1 Hegel, *Enzyklopädie*, TWA Bd. 10, S. 266.

瑰，以水域界定大海。

第二阶段：生产性的、联结性的想象力——幻想

通过意象间的联想，即把一个意象与另一个意象相连，理智就达到了更高的阶段：幻想阶段。这一阶段的活动包括对图像和表象的自由联结、综合与组合，包括对被构成的表象的创造性内在呈现，包括对新意象的自由生产。这一创造性的想象力是一种想象的综合，它处理的是缺乏创造力的感性化活动，这种感性化活动只是把内容变成无具体实例的直观。这样一来，客观的联系就过渡为创造性的主观联系，内在的、想象的存在因而获得了由理智自己创建出来的内容，理智的自我直观——为自己形成内在图像的力量——也因而得到了完善。

"就预兆（Antizipation）而言"，理智表明自己是自我规定的、具有自己内容的、个别且具体的主体性，并且反映了思维早已呈现出的普遍性：从最初的环节起，思维的普遍性就已经开始运作了。施莱格尔认为，表象是有待形成的概念的预兆。理智对属于它的意象和表象具有绝对统治权，是自由且柔和的力量。[1]

在幻想阶段，达到了一种为理智有意识设定的、新的、第二阶段的当下呈现，其表现为任意的自由，是普遍与个别呈现出更高层面上的统一。按让·保尔的说法，这是为肉身性之物赋予灵魂，而使精神肉身化。幻想就是进行任意想象的能力，被幻想造就的意象表现为内在的或精神的东西与直观到的东西的统一，因而"在理智中被发现的东西和属于理智的东西就完全被设置为一个统一体"（诺瓦利斯［Novalis］）。这样一来，理智就表明自己拥有掌控意象的力量，并把自己提升为"诸意象的灵魂"。它借此为自己寻找正当性与客观性，在自己的创造物中显示并保存自己。黑格尔看到了理智中个别性与普遍性在更高阶段中的统

1　参见 David Hume, *Ein Traktat über die menschliche Natur*, Hamburg, 1989, S. 21。

一，他认识到，通过对普遍性的直观和对直观的普遍化，这个统一被建立为具有具体的主体性形式的个别性，而且在其中自我关联——作为精神的基本结构——被规定为存在和普遍性。[1]

理智创造出了一个新奇的内在世界，它是一个囊括了众多即将形成和已然逝去的可能性，包容了无数内在的意象的宇宙。它表现为无所拘束的为形成意象而立法的力量，表现为不知疲倦、辛勤劳碌的意象采集者，表现为可能性的自由游戏。按休谟（Hume）的说法，除了在想象力聚拢其表象时体现的开放性之外，没有别的什么东西更值得我们惊叹了，因为"为了聚拢客体的表象，（想象力）可以从宇宙的一端游走至另外一端"[2]。康德也在此发现了一片"充满相互关联的表象的难以捉摸的领域"，在其中，内容，亦即某个被规定的概念，可以"通过无限制的方式在感性与审美上进行扩展"[3]。因此，创造性的想象力可以在自己的产物中丰富且生动地展示自身。根据黑格尔的说法，幻想的这种游戏构成了艺术的普遍基础和形式层面，在个别意象中展示了真正的普遍性。[4]

但是，幻想的游戏也具有两面性：表象的这种形式既躁动不安又杂乱无章，各式各样的意象及其意义在它这里也只是一种漠不关心的、外在的安排。富有创造力、活跃、不安等特性自身就包含着矛盾，这本身算不上大功告成。无创造性的、安静的、被动的、简单的"顺其自然"从一开始就不能被轻视，因为它们才是想象力的基础。幻想可以创造出人性的东西，也可以创造出非人性的东西；可以创造天堂，也可以创造地狱——这既显示了幻想的力量，也显示了幻想的缺陷。它可以"用来自过去或未来的阴影使当下在场昏暗模糊"。与知性类似，这样的游戏

---

1 Hegel, *Enzyklopädie*, TWA Bd. 10, S. 268.
2 David Hume, *Ein Traktat über die menschliche Natur*, a.a.O., S. 38.
3 Immanuel Kant, *Kritik der Urteilskraft*, KdU § 49, 195. 本书部分译文参照：康德，《判断力批判》，邓晓芒译，人民出版社，2002 年。
4 Hegel, *Enzyklopädie*, TWA Bd. 10, S. 267.

能够展现出在各种艺术中包含的骇人的可能性。在黑格尔看来,在想象力的这种综合中我们关注的只是形式上的理性,因为它既不呈现自由存在的最高能力,也不呈现完全成功的内在形象化。[1] 由于思维还没有获得与内容相称的恰当形式,所以内容本身对幻想来说无关紧要。只有在进行概念化、检验与合法性证明活动的思维那里,普遍性与个别性才完全得到统一,内容与概念的形式才完全相符。

名词化了的"现象"(*phainesthai*)意味着呈现、显象。这样一来我们就不知不觉地落入了皮浪的怀疑主义——显像的真正拥护者——之中。它的准则是所呈现之物和现象,这些都被理解为表象、幻想和主观的表象活动,是主观性的认之为真。在表象中,对象是一个外在陌生之物;其作为显象,同时也是直接性,通过某个最切近的对象出现在我们之前,摆置到我们面前,被表象出来。但我只是将其作为一个表象,而不是概念。对象因而并未被思维着的我以思维的方式穿透。康德曾说过,"我思"必须伴随一切我的表象。否定性、主观性、相对性与不动心,作为怀疑主义的一贯立场,始终在关于外表的言说方式中占据一席之地。幻想,"作为现象学的力量"(诺瓦利斯),是通向知识的必要环节,它与怀疑主义一样有着双面性:一面是自由的,另一面是非自由的;一面是坚定不移的,另一面是否定性的;一面是宁静的,另一面是躁动不安的;一面是快乐的,另一面是苦恼的。这都是因为表象活动的双面性本身就是现象与逻辑、意象与概念的混合。[2]

艺术在幻想中获得其形式上的源泉,并被众所周知地视为"映象

---

[1] 黑格尔认为,在基督教的历史中,神—人间的和解发生在过去,而在现在与将来中的人无法与神成功地和解。(参见 Klaus Vieweg, *Religion und absolutes Wissen-Der Übergang von der Vorstellung in den Begriff*, In: Klaus Vieweg, Wolfgang Welsch [Hrsg.], *Hegels Phänomenologie des Geistes*, Frankfurt a. M., 2008.)

[2] 进一步参考 Klaus Vieweg, *Skepsis und Freiheit-Hegel über den Skeptizismus zwischen Philosophie und Literatur*, München, 2007。

（Schein）的自由游戏"，视为显象的世界。席勒将这种幻想的作用描述为"理想化"（Idealisieren），而用洪堡（Humboldt）的话说，生产艺术品乃是一种创造理想之物的能力；但一种非现实之物，意象和显象，这些都超越了一切现实性。表象，确切地说幻想，因而也能被理解为"理念化"。幻想在其想象活动中，在其制造出自相矛盾形象的狂想之中，比自然更为自由。经验世界的外在和内在领域，世界中的光和神经元内的刺激并不能被当作世界的真实面目。在更深的意义上，这些是艺术作品之中的纯粹显现，是本质的呈现，因而也被打上了偶然和任意的标签。首先，以美的幻想为基础的艺术作品提供（赋予）了显现之物更高的由精神产生的现实性[1]，在深远的方面，艺术作品纯粹以显现的方式存在，其在面对庸常意义上艺术品所展现出的现实性时，描绘了一种更高层次的实在和更为真实的存在。在这种真实存在中，艺术作品成了普遍的形象化方式、表现绝对的字符（谢林），但艺术作品却并不因此就是表现绝对最高的方式。

第三阶段：创造符号的幻想

幻想的创造物最初只保持为内在的和主观的创造物，因为它们的意象仅是特殊性的，且仅能被主观地直观到。这里尚不具备的是存在的环节，即外在化的环节，它的意义在于将被创造的东西呈现于外，使之成为外在的新表象，从而更加接近于客观化。在内在的自我直观中，概念与直观的纯粹综合，纯粹的内在性与主观性已趋于完备，为了进一步发展，它们必须被规定为存在，成为外在的对象。理智在外在化的活动中产生出新的直观，从而在更高的水平上回到了我们的出发点——"直观"之上。符号（Zeichen）赋予自我构成的表象以现实的生动性（Anschaulichkeit）。如黑格尔所言，通过符号，理智将自己变成了物，变

---

[1] Hegel, *Vorlesungen über die Ästhetik*, TWA Bd. 13, S. 22.

成了对象，从而超越了纯粹且个别的主观性。理智成了创造符号的幻想。在这些文本片段中，黑格尔符号学的根基被揭示了出来，它包含了对话语（或言语）和语言符号的哲学思考。黑格尔也就此证明自己乃是现代语言哲学（对语言进行哲学的理解）的奠基人之一。

在其中，理智既与任意且自由的幻想阶段有关，也自我同一地与自身有关，理智已然回转到直接性，且必然尽其可能地将自身创造出的意象和表象外显为存在物，外化为客观物，外设为存在物，且尽其所能以更高的方式实现精神的结构。在创造符号的幻想中，自我创建的、独立的诸表象与直观被统一了起来，从而再次达到了一种主观性和客观性更高的同一性。理智将陌生的意义赋予一个自由且任意的、被选定为外在的对象。由于对象被理智武断地据为己有，其直观中所包含的直接的、特定的内容消逝了，而一种新的、全然不同的内容被给予了对象，成了对象内在的灵魂和自身的意义。由是直观彻底地转化为理智的替代物，将自身全然托付于理智的主宰，且被塑造为一种已然实现了的空间-时间。这在语言中达到顶峰，具体表现为语音语调所持续的时间和字母文字所占据的空间。在这种建构中，在符号世界的创造中，理智证明自己是符号的统治者，意义的主宰者，是自由统治符号体系的力量，能够守护我们的知识、我们的认识，能够长时间地妥善处置知识并且使之成为能够相互交流的信息，理智是发展为历史之形式性基础的记忆女神摩涅莫辛涅（Mnemosyne）。

黑格尔给出了一个对符号的著名隐喻，这一隐喻被德里达用作论文的标题，即"金字塔"[1]，而从深井到金字塔的圆圈在此完成了闭合，"符

---

1 Jacques Derrida, "Der Schacht und die Pyramide, Einführung in die Hegelsche Semiologie", In: *Randgänge der Philosophie*, hrsg. v. Peter Engelmann, Wien, 1988; Klaus Vieweg, "Das Bildliche und der Begriff, Hegel zur Aufhebung der Sprache der Vorstellung in die Sprache des Begriffs", In: Klaus Vieweg, Richard T. Gray, *Hegel und Nietzsche. Eine literarisch-philosophische Begegnung*, Weimar, 2007.

号是任何一个这样的直观，它代表着一种完全不同于它自身所具有的内容；它是其中放进和保存了一个外来灵魂的金字塔"[1]。精神结构再次达到的更高阶段，尤其是上升到与精神有着内在关联的语言层面，语言有着自身逻各斯的立法权和自身所包含的向着思维转化的内在逻辑，这表现在思维能在语言中得到自身合适的形式。

  幻想是介于直观与思维间的中间阶段，因此想象力自身以思维自身的方式尚无法达到自我关联与自我规定的完全统一。在黑格尔看来，概念思维对形象的颠覆（*Ikonoklasmus*）远非想象力所能及[2]，但这就是另一个故事了。

（任继泽　译）

---

[1] Hegel, *Enzyklopädie*, TWA Bd. 10, S. 270.

[2] "在思维里，我是自由的，因为我不是在他物中，而纯然保持在我自身中。"（Hegel, *Phänomenologie des Geistes*, TWA Bd. 3, S. 156.）

第四篇

黑格尔实践哲学和美学中的行动概念

黑格尔的实践哲学必须被理解为一种行动哲学，一种哲学性的行动理论，罗伯特·皮平（Robert Pippin）说它是"对自由的理性行动者理论"[1]，米歇尔·匡特（Michael Quante）说它是"关于行动的批判理论"[2]，这一点虽然如今似乎是毫无争议的，但富于启发性的研究却是寥寥无几。在黑格尔关于"实践领域"的主要著作，即《法哲学原理》中[3]，行动概念是从三个层面来展开的，并与行动着的主体的各规定性关联在一起。这个层级顺序包含了：(1)行动者的形式法意义上的行为，"人"（Person），(2)道德主体的行动，和(3)伦理主体的行动。[4]一方面，《法哲学原理》中的行动概念也借助于对艺术品的解释来得到发展——这样一来，实践哲学框架内的这个概念就变得更加鲜明了，而且这也有助于对行动的构成要素、类型及其形式以及相互冲突的行为加以准确的规定。

---

1 Robert B. Pippin, *Hegel's Practical Philosophy. Rational Agency as Ethical Life*, Cambridge: University Press, 2008.
2 Michael Quante, "Hegel's Planning Theory of Agency", In: *Hegel on Action*, Hrsg. v. Arto Laitinen u. Constantine Sandis, Houndsmills, Basingstoke, 2011.
3 Hegel, *Grundlinien der Philosophie des Rechts*, TWA Bd. 7.
4 进一步参见 Klaus Vieweg, *Das Denken der Freiheit. Hegels Grundlinien der Philosophie des Rechts*, München: Wilhelm Fink Verlag, 2012。

另一方面，在《美学讲演录》第三章"艺术美与理想"中有一个特殊的章节叫"行动"（Handlung）[1]，其中隐含地指示了行动、语言与诗性的言谈之间的关联。"行动是对个体最清楚的揭示，是其思想观念，亦是其目的；通过行动，人就其最内在的根本而言所是的东西，才具有了现实性，而行动因其精神性的起源也在精神性的表达中，在语言中，在言谈中，获得了其最大程度的清晰性和规定性。"整个艺术哲学，特别是对文学作品的说明，将证明这个原则对各种诗性作品的有效性。这样，此原则也就有助于我们更准确地把握行动概念以及文学上的东西的概念。实践哲学与美学的这种相互丰富、互为补充同样应该在行动概念的各个确定层面和所选的艺术作品那里加以揭示。

在一些初步的考察之后，我将通过行动理论里包含的两个问题来详细阐释我的基本论点，问题如下：（1）犯罪（Verbrechen）与惩罚（Strafe），（2）故意（Vorsatz）与意图（Absicht）之间的区别。这两个问题又分别直接关联于两部戏剧艺术。《美学讲演录》中关于理想的规定性的章节，特别是（如已提到过的）以"行动"来命名的那一节，应该充当出发点，因为那里是从行动概念的角度，对实践世界与艺术之间的关系、客观精神与绝对精神之间的关系进行的思考。而这些对于黑格尔专家来说是最为熟悉的思想，在此处只能做一个极其简略的勾勒。理想的规定性与特殊性指涉的是理念走出自身，走到现实的规定性中，指涉的是理念登台于外在性和有限性中。[2] 这一规定的过程首先通过特殊性发展出自身中的差异，然后又消解了这些差异。在艺术领域中，我们将这个过程称为"行动"。就理念自己规定自己而言，理念摆脱了抽象性、单纯的统一性和普遍性，而与直观生动性和形象性连接了起来。[3] "真

---

1 Hegel, *Vorlesungen über die Ästhetik*, TWA Bd. 13, S. 233–316.
2 Ebd., S. 230.
3 Ebd., S. 231.

正的独立性只存在于个体与普遍者之间的统一和相互渗透中,为此,当个别而特殊的主体于普遍者那里才发现了不可动摇的基础和其现实性的真正内涵时,普遍者也同样通过个别者才获得了实在性。"[1]因而,普遍者、特殊者与个别者之间的逻辑统一必须要被思考到。特殊性原则包含了通过幻想、想象力和形象性的表达所实现的对普遍者的再现,从中就产生了规定的杂多性和多样性。表象(Vorstellungen)和感性图像(Sinnbilder)始终是作为多,概念却只是作为一。

因而在艺术作品中,普遍性与个性是被综合在一起的,在行为中柔弱化了的精神与无分寸的、永恒的安静(作为对自由的不动摇的确定性)被综合了起来。作为这种有效的统一体的例子,黑格尔特别提到了希腊诸神中的赫拉克勒斯以及堂吉诃德。在确定的角色的特殊行动中(其行动的前提是:行动与外在事物纠缠在一起),行动者们保持着他们的自由,能在他者中也保持着他们自身。自身关系以表象、幻想的形式得到展现。特别是现代浪漫主义诗歌,专注于对相互不可替换的各个特殊主体那虚构生活履历的叙述,这方面的范例有:特奥多尔·戈特利布·冯·希佩尔(Theodor Gottlieb von Hippel)的长篇小说《攀升的人生历程》(Lebensläufe nach Aufsteigender Linie),这篇小说有着辉煌和斩钉截铁的开头:我。按照黑格尔的说法,角色就是"艺术表达的本来中心"。反之就是:有名有姓的诗的行动者,比如俄狄浦斯(Ödipus)、俄瑞斯忒斯(Orest)、威廉·迈斯特(Wilhelm Meister)、约瑟夫·克内希特(Josef Knecht)或者巴斯克维尔的威廉(William von Baskerville)在实践哲学框架内的行动理论那里是不出现的,他们在那里是不能作为论题的。

诗的主角们在自身中保持着自由的普遍性,即使在他们的行动展现为特殊的、确定的和向外转的行动时。在有关第 5 节向第 6 节的逻辑过

---

[1] Hegel, *Vorlesungen über die Ästhetik*, TWA Bd. 13, S. 237.

渡（这个过渡对《法哲学原理》来说是决定性的）那里，即在普遍性向特殊性[1]的逻辑上必然的过渡那里，黑格尔强调，出自自身的自由必须将自己指明为整体性，同时指明为特殊化之可能性，指明为通向一切事物之可能性。[2] 由此我们就得出了关于诗歌行动的一个临时定义：理想在自身中区别着的、过程化着的规定性。特殊者摆脱了单纯的偶然性，而在普遍性中的具体的个体性也被形象化了——"发展的原则、诸对立之间的区别与争执在朝向外部的关系中，就同时都与凸显为此在的特殊性直接联系在了一起。"[3] 艺术作品的魅力正源于这种张力和冲突所塑造的发展，以及精神的重新自我整合。

犯罪与惩罚——复仇女神和黑格尔行动理论中的惩罚的根基

黑格尔将"不法"（Un-Recht）规定为抽象法的第三阶段，而抽象法也被推向了自己发展的顶点，从而将自身颠倒为对法的侵害（法之极，恶之极 [*summum ius summa iniuria*]）。意志在自己外在定在的形态里（身体和外在的所有权）会受到侵害、受到触动、受到侵犯，例如突然遭到了暴力的侵袭，并且以暴力对它实施强制（Zwang）。[4] 抽象法"仅仅以行动中外在的东西为客体"[5]。在惩罚理论方面，黑格尔遵循了康德关于法权的思考，这在本质上与一种合法强制的可能性，以及他对强制

---

1 更详细可参见 Klaus Vieweg, *Das Denken der Freiheit*, a.a.O.。
2 Hegel, *Vorlesungen über die Ästhetik*, TWA Bd. 13, S. 232–233.
3 Ebd., S. 233.
4 Hegel, *Grundlinien der Philosophie des Rechts*, TWA Bd. 7, § 90.
5 Immanuel Kant, *Die Metaphysik der Sitten*, AA VI, S. 232. 本书部分译文参照：康德,《道德形而上学》，李秋零译，人民大学出版社，2013 年。

之强制（第二个强制）[1]的思想密切相关：一种不法的、违法的强制"对自由而言所发生的乃是阻碍或抵抗"，那么针对这不法强制的强制就能被视为"对自由阻碍的预防"，这就使得对原初的强制的强制是可以被允许的。"法权与强制的权限是一回事。"[2] 为了对抗他律的强制，第二个强制就成了合法的。康德谈及法则时说："在普遍自由这一原则下一种与每个人的自由必然相一致的相互强制法则。"[3] 黑格尔直接追随康德的思考，将强制视为破坏自然定在的暴力，损害了其中的意志。假如相关的意志只是反对普遍意志的特殊意志（因而不是自由意志，确切地说是自在的意志），那就有必要提到"自在的强制"或者提到第一个强制了。为反对这样一种特殊意志、赤裸裸的自然本性或者任性，为了反对他律，引入对第一个强制的强制是有必要的。按照黑格尔的说法，这初看好像是第一个强制，但其实是第二个强制，比如教育或者征税。因而第二种强制，是合法的而且是必然的，它是作为扬弃第一种强制的第二种强制[4]——强制只有作为对某个最初的、直接的强制的扬弃才是合法的。[5] 强制因而仅仅作为第二次强制才是合法、正当的，是被授权的以自律反对他律的行动。只有扬弃了第一种非法强制的第二种强制才是合法的（以强制扬弃强制），才是对否定的否定，即法的恢复和重建。根据"否定之否定"（对自由阻碍的预防）[6]，法权成了有效之物、富有强制力之物和实实在在的强力。

---

1 "例如，人有权拥有所属权。借此意志之自由获得了外化的定在，这种外化的定在被攻击，以至于在其中的我的意志也受到了攻击。这是暴力、强制。在其中直接存在着第二次强制之许可。"(Hegel, *Philosophie des Rechts. Nach der Vorlesungsnachschrift von H.G. Hotho 1822/23*, In: *Hegel, Vorlesungen über Rechtsphilosophie 1818-1831*, Hrsg. u. komm. v. Karl-Heinz Ilting, 4 Bde., Stuttgart-Bad Cannstatt, 1973 ff.,[Ho]Bd. 3, S. 296f.)
2 Immanuel Kant, *Die Metaphysik der Sitten*, AA IV, S. 231-233.
3 Ebd., S. 233.
4 Hegel, *Grundlinien der Philosophie des Rechts*, TWA Bd. 7, § 93.
5 Hegel, *Enzyklopädie*, TWA Bd. 13, § 501.
6 Immanuel Kant, *Die Metaphysik der Sitten*, AA IV, S. 231.

作为第二次强制的表达，惩罚必然被归咎于犯罪者的行为。惩罚将最初的一步，不法或者违法的活动，即对法的暴力僭越颠倒过来，只有这样，行动者的行动才是完整的——惩罚对犯罪而言是"一个不是外在的，而是一种在本质上通过自己的行动而成为自身所设定的后果……出自本性的行动由此将自己本身显示出来"[1]。国家惩罚体系是以行动理论为基础的，而上述分析为这一体系的合法性提供了核心概念。犯罪被视为"行动的一种自在自为、自我抵消的形式，对法之所以法，自由意志之所以为自由意志的侵犯"[2]。

严格的强制法还没有踏入道德的领域，在此处抽象的强制法也不能将抢劫和偷盗、谋杀与杀人、行为和行动加以区分。因此，从抽象法向道德领域的必然过渡在此就被明确地预示了。不法的行动必然能被归为对行为者自由之行为的表达：通过自由的行为损害旁人。自由的不作为同样也归属于这类自由行为的表达。[3]

对法权的违反虽然产生出对受害者的伤害，但法权本身却不会因此而受到损害，而"实定"（positive）的伤害只是对于行动者特殊的意志。惩罚所展现出来的是对无效的无效化，是对犯罪的扬弃，是以侵害对抗侵害的同态复仇。[4] 这一卓越的和极具现实意义的惩罚理论的基础明显在于行动理论[5]，它揭示了仅仅基于知性的手段的不足，它尚不具"概念"的逻辑。惩罚可以被称为正义的或合法的，因为惩罚本身是对行动者自在意志的表达，甚至可以说，是作为能为自己行动负责的主体自己的要求和权力（！）

---

1 Hegel, *Philosophie des Rechts. Nachschrift der Vorlesung von 1822/23 von K.L. Heyse*, Hrsg. v. E. Schilbach, Frankfurt a.M. 1999, S. 15-16.（以下引用时只注明 Hey。）

2 Hegel, *Vorlesungen über Naturrecht und Staatswissenschaft (Heidelberg 1817/1818, mit Nachträgen aus Vorlesung 1818/1819 Nachgeschrieben von P. Wannenmann)*, Hrsg v. C. Becker, W. Bonsiepen et al., Hamburg: Felix Meiner, 1983, § 52.

3 在《普鲁士一般通法》第16节，"犯罪之道德"中有这样的段落："谁无法自由地行动，在他那里就没有犯罪，也即是说就没有惩罚。"（*Allgemeine Landrecht*, Th. II, Tit. XX.; Th. II, Tit. XX, §§ 7 & 8.）

4 Hegel, *Grudlinien der Philosophie des Rechts*, TWA Bd. 7, § 100, 101.

5 参见 Georg Mohr, *Unrecht und Strafe*, In: Ludwig Siep, *Grundlinien der Philosophie des Rechts*, Berlin, Akademie Verlag, 2000, §§ 82-104。

行为者（罪犯）伤害了普遍，伤害了法权，因此也伤害了自身。惩罚必须也表现为"在犯人自身中设立的法，在他的行为中立定的法"[1]，惩罚必然跟附在犯罪行为之后，它已经在行为者的行动中被设定起来，必然被思考为一种对不法行为而言内在的环节。惩罚是一种对法的恢复和平衡，而行动者对这种恢复和平衡在客观上有所关注，虽然所有的违法者都不会承认和接受。因此，惩罚能被看作是对犯罪的揭示，是行为者行动的"另一半"，是犯罪之颠倒，以反对犯罪自身。从逻辑-实践的角度看，核心论题在于：犯罪与自由意志的概念相矛盾，也与自由行动的概念相矛盾。

古代的复仇女神厄里倪厄斯（Erinnyen）[2]是对这一思想的象征性表达。黑格尔对行为和行动的本质的思考不仅出现在法哲学中，也出现在《美学讲演录》和《宗教哲学讲演录》中。在这些文本里，黑格尔反复以一个来自图像领域和表象世界的例子来展现这一思想。在这些文本中，正如在法哲学的手稿第101节所做的评注那样，黑格尔用法权、不法、惩罚这三个阶段来解释神话中复仇女神的三种"状态"：（1）首先是欧墨尼得斯们（Eumenides）睡着，但（2）由于犯罪和其罪大恶极的行为把她们唤醒了，因而（3）报复式的惩罚[3]，在此之后复仇女神再度

---

[1] Hegel, *Grundlinien der Philosophie des Rechts*, TWA Bd. 7, § 100.

[2] 厄里倪厄斯（古希腊语：Ἐρινύες，字面意思为"愤怒"）是希腊神话中的复仇女神。厄里倪厄斯包括三位女神的说法最早出自欧里庇得斯的著作，厄里倪厄斯是生活在冥府的下界神祇，她们只有在要惩罚人间的罪孽时才来到地面上。有罪者被厄里倪厄斯不分昼夜地追赶，并遭受各种苦难，直到他们疯掉为止。根据维吉尔的著作，复仇三女神在不同的地方使用不同的名字，她们在地狱里就叫孚里埃（Furiæ，愤怒）。俄瑞斯忒亚是阿伽门农（Agamemnon）的儿子，他的母亲杀害了丈夫，所以他把她杀了。俄瑞斯忒斯犯下了弑母重罪，厄里倪厄斯开始追逐、迫害他，逼得他无处容身。雅典娜把此案交给一个由雅典长老组成的特别法庭来审理，法官裁决俄瑞斯忒斯无罪。厄里倪厄斯接受了裁决，而雅典娜为了平息她们的怒气，帮她们改了一个好听的名字"欧墨尼得斯"（Εὐμενίδες，意为"善良的神"）。——译者注

[3] 在黑格尔看来，英雄法仍是一种直接的行使权利（Hey 5），仍是一种纯粹特殊意志的表达，更多是报复，而不是现代意义上的司法审判。（Hegel, *Die Philosophie des Rechts. Vorlesung von 1821/22*, Hrsg. v. Hansgeorg Hoppe, Frankfurt a.M.: Suhrkamp, 2005, Nachschrift Kiel, S. 97.）"例如俄瑞斯忒亚的报复是有理由可辩护的，但是他之所以进行报复，是根据她个人的道德原则，而不是根据法律判断或是法律条文。"（Hegel, *Vorlesungen über die Ästhetik*, TWA Bd. 13, S. 242.）

恢复平静，重新沉睡。在合法的情况下，欧墨尼得斯们在沉睡之中，但"犯罪把她们唤醒了，所以犯罪行为是自食其果"[1]。报复式惩罚的思想是对不法行动的颠倒，它也在另一些讲座整理稿中被强调为："欧墨尼得斯们是犯罪者自己的行为，是犯罪者的自食其果。"[2] 对行为者而言，"他们自己也一样认可的法在惩罚中就重新落到了他们自己的头上"[3]。

欧墨尼得斯们体现了"人自己的行为和折磨、烦扰他的意识，只要他把这种行为理解为他自己的恶"。厄里倪厄斯是正义的，而且因此是善意的；并且谁破坏法，谁就在其自身中有欧墨尼得斯。[4] 复仇女神不仅被表象为外在的强制，而且还是内在的强制。"我们首先把这些复仇女神想象成为一批冤魂，外在于犯罪者而追赶他。但是这种追赶也同样来自犯罪者自己内心中的冤魂，索福克勒斯也曾把冤魂当作人心里内在本有的力量，例如在《俄狄浦斯在科罗诺斯》(*Ödipus auf Kolonos*) 悲剧里。"[5]

关于惩罚和报复，黑格尔也把埃斯库罗斯的《俄瑞斯忒亚》(*Orestie*) 作为例子摆到读者面前。俄瑞斯忒亚为了给父亲阿伽门农报仇，杀死了他的母亲克吕泰涅斯特拉 (Klytemnästra)，所以被复仇女神所追逐着，而这来自塔耳塔罗斯 (Tartaros，地狱) 的令人不寒而栗的厄运女神和俄瑞斯忒亚最终在雅典通过最高法院上的公民投票得到了和解，平息了纠纷。"这在大体上是一个由凡人组成的法庭，雅典娜作为民族精神的体现，当了首席法官，她应该解决这场冲突。"[6] 在埃斯库罗斯这部悲剧中，最高法院判决了阿波罗和复仇女神们都有受到崇拜的权

1　Hegel, *Grundlinien der Philosophie des Rechts*, TWA Bd. 7, §101 note.
2　Hey, S. 4.
3　Hegel, *Philosophie des Rechts. Die Vorlesung von 1819/20 in einer Nachschrift*, Hrsg. v. Dieter Henrich, Frankfurt a.M.: Suhrkamp 1983, Nachschrift Bloomington, S. 87ff.（以下引用时只注明 Bl。）
4　Hegel, *Vorlesungen über die Philosophie der Religion*, TWA Bd. 17, S. 127. 本书部分译文参照：黑格尔，《宗教哲学讲演录 Ⅱ》，燕宏远等译，人民出版社，2015 年。
5　Hegel, *Vorlesungen über die Ästhetik*, TWA Bd. 13, S. 295.
6　Hegel, *Vorlesungen über die Ästhetik*, TWA Bd. 14, S. 68.

利,从而避免了双方任何一方的牺牲。[1] 根据悲剧《俄瑞斯忒亚》,黑格尔顺便还区分了厄里倪厄斯和善心的欧墨尼得斯[2],以及从厄里倪厄斯向着欧墨尼得斯的转化。

席勒在他的叙事曲《伊比库斯的仙鹤》(*Kranichen des Ibykus*)中开创了一种现代意义上的诗歌形式。在这首诗中,仙鹤代表了"欧墨尼得斯的力量",谋杀唤起了这种内在力量并且最终使罪犯心理崩溃,做了无意识的招供。行为者们自己唤醒了有意行报复之事的复仇女神的惩罚,并且这惩罚就是犯罪者自己活动的自食其果。而席勒的叙事诗也同样以诗歌的方式呈现出这样一种完整的行动,从犯罪到复仇女神对其内心的折磨,直到真正的惩罚(报复之光)将这三个环节作为行动的完成。

对不法之结构的必要超越

因而报复性的惩罚再次造成了之前所述的不法的循环结构,由此产生了坏的无限性。为了调停这种法权的争讼,为了克服这种采取判断形式的报复的缺陷就要求采用另一种,即第三种判断,它作为自在的法是

---

[1] 阿波罗为俄瑞斯忒亚辩护:"我对此认可,杀死你母亲对你的震动。"并且要求俄瑞斯忒亚前往帕拉斯城(雅典),在那里有公正的审理者。按照雅典最高法院为判罪和赦免所做的公平的投票,为了俄瑞斯忒亚(和阿波罗),雅典之白色纪念碑(最高法院)自然是只为此做出判决。这些凶恶的少女们追捕俄瑞斯忒亚,因为他杀害了自己的母亲,而这次杀害是新神阿波罗命令他进行的,为的是给被暗杀的丈夫和国王阿伽门农报仇。(Hegel, *Vorlesungen über die Ästhetik*, TWA Bd. 14, S. 58f.)黑格尔在此清楚的区分了厄里倪厄斯和善心的欧墨尼得斯。(Hegel, *Vorlesungen über die Ästhetik*, TWA Bd. 14, S. 59.)她们所要维持一种清楚的本质性的、对自己而言是本质性的伦理实体,但其中缺乏婚姻和王国的法权。首先这种神的和政治的结合带来赦免并以和解来代替复仇是可能的。"为此厄里倪厄斯,这凶恶的复仇女神,成了欧墨尼得斯,善心神,这淡化了悲剧的和解……出自有害的、盲目的愤怒之物成了有益的,乐于提供帮助的。厄里倪厄斯成了欧墨尼得斯……从根本上说,这种和解乃是理性的胜利。因为说服-理性的武器已经带来了和解,这也是雅典人为之自豪的……理性取代了命运的位置,斩断了厄运的锁链。"(Walter H. Sokel, *Vorwort zu Orest*, München, Wien, 1963, S. 13-16.)

[2] Hegel, *Vorlesungen über die Ästhetik*, TWA Bd. 13, S. 58ff.

于事公正无私的，是中立的。[1] 在逻辑上，这包含着向后一阶段反思判断的发展[2]并且包含着朝向概念判断的漫长道路。首先只有在达到反思判断（知性的判断）之后，我们才能真正谈及判断力，才能明确地评价一个行动的善恶。在法哲学里，这种论点一方面通过此处提到的向着必然的在自身中的反思，另一方面则是凭借调停争讼而"不带任何偏袒"的第三种判断被揭示出来，从而得到了进一步的发展。在这第三种判断的未决性中（不偏袒任何一方），一种有能力进行判断的意志被预先揭示出来。这种意志既表现为个人的，也表现为对普遍的代表，这就是说，它既是法院中的审判者，又是"审判"本身。

黑格尔认为知性不足以把握惩罚性的正义的全部意义，因而必须给概念让路。根据此种认识以及上文的论述，黑格尔指出，如果我们希望恰当地规定能真正代表法的审判者的话，那么"抽象法"的领域就应当内在地向尚需概念化的"道德"与"伦理"过渡。"惩罚只发生在国家之中"[3]，审判者不能仅被限制在否定的无限判断之中；除此之外，他也必然在他的判断中展现出宪法的精神（一种伦理实体的要素），纵使在这一过程中，我们实际上达到了在逻辑上更高级的"评断"（Beurteilung），而超越了判断本身。只有在伦理生活的水平上，审判者的权威地位才能被彻底规定。因而伦理的领域在此处证明了自身乃是实践哲学的唯一的根据。

总之，黑格尔也为"当今的惩罚理论设定了标准"[4]。黑格尔在哲学上规定了惩罚理论（也正如他在整体上所构建的关于自由的观念论），这种哲学的惩罚理论是一种创见，是一种持续至今且意义重大的计划，它

---

1 Hegel, *Enzyklopädie*, TWA Bd. 10, § 497.
2 Ebd., § 174.
3 Hegel, *Philosophie des Rechts. Nach der Vorlesungsnachschrift K.G.v. Griesheims 1824/25*, In: Ilting Bd. 4, S. 293.
4 Georg Mohr, *Unrecht und Strafe*, a.a.O., S. 122ff.

的理智性的力量和吸引力出自其逻辑根据；对于其持续至今的意义而言，这是本质性的根据。既然这种为惩罚所做的哲学上明确规定如此有效，那么随着黑格尔的思路去进一步探索应当也是很有价值的。

抽象法向道德的过渡

在形式性法权的最后一阶段，即对正义的惩罚之贯彻中，意志被抛回到自身中（在一种"在自身中反思"的意义上）。借助于作为行动者自身权利的惩罚的规定性（习惯性要求），处在"简单"普遍性中的个体完成了向特殊意志的回返。因此这种自我关联的以往形式必然得到扩展，由于前文中已被揭示出来的那些局限性，这种自我指涉的结构不能仅仅保持为"外在的"，它必须过渡到内在的反思，过渡到特殊性。抽象法之被断定的否定性在犯罪中，即在对法本身的否定中，达到了自身的转折点。随后它将驱策自身转变为对自己的否定。意志证明自己不仅成长为自在的更自由，而且也成长为自为的更自由，这样一来被规定的特殊性的意志将成为它自己的对象。在抽象的形式的法权的发展运动中，本来被假定为直接性的意志越来越明确地显示出它将被主体的特殊意志所中介，因此直接性本身应当被思考为中介。于是，这种对形式性的抽象法权（不仅是从逻辑的角度来看，而且也是从实践哲学的角度来看）的克服的必然性就变得清楚分明了。因而我们再也不能忽视或抽象地理解特殊性的意志，就像我们在开端时所做的那样。[1] 意志被反向抛入到作为特殊性的自身之中。对个别性和普遍性的逻辑结构的考察必然产生特殊性这一思想。普遍性作为统一体，将自己区别为差异，为不同一，为对立。定在判断必然扬弃自身，并且过渡到反思判断中。"个体在判断中被设定作为（返回到自己的）个体，就有一个谓词，而与这个

---

[1] Hegel, *Grundlinien der Philosophie des Rechts*, TWA Bd. 7, § 37.

谓词相对的主词，作为自己与自己相联系的东西，同时仍然是谓词的对方。"[1]个体同时作为特殊之物成为焦点，现在就被规定为主体，即在自身内映现了的意志，"以致一般的意志规定性，作为个体内的定在，即作为他自己的意志规定性，由于意志规定性是这样的在内心里设定起来，意志就同时是作为一个特殊的意志，而且出现了意志的种种进一步的特殊化及其相互联系"[2]。

普遍的东西也不再是抽象的普遍性，而是建立为这样的普遍的东西，即它通过相区别之环节的关系把自身统括为一（特殊性到普遍性）。[3] "在实存里，这主词不再是一个直接的质的东西，而是与一个他物（对方）或外部世界有着相互关系和联系。"[4] 这样一个判断"这个行动是恶的"不仅关涉到个别的主词（而不是和其他主词有联系），而且还超出了个别的主词而与主体间的语境有关。这样一来，谓词的普遍性便获得这种相对性的意义。[5]

我将此简要地概括为：个性成了其自身的对象，它在自身中反思自身。在这第二个领域（道德）中的对象能被理解为第一个领域（抽象法权）中对象之不断持续地展开的令人信服的结果，而不是外在相加的东西。同时，通过特殊的、偶然的意志被设定起来的已然实现了的自为存在，自由的内在主体性就都呈现了出来。这种主体-偶然的意志的确只在与普遍意志达到同一之中才有着自己的效力，因而主观意志"在其本身中是作为理性意志的定在"[6]，这种意志作为在自身中反思的且与自己同一的东西，就成为无限的在自身中存在的意志的偶然性。[7] 黑格尔将这种

1　Hegel, *Enzyklopädie*, TWA Bd. 10, § 174.
2　Ebd., § 503.
3　Hegel, *Wissenschaft der logic*, TWA Bd. 13, S. 326.
4　Hegel, *Enzyklopädie*, TWA Bd. 10, § 174.
5　Ebd.
6　Hegel, *Enzyklopädie*, TWA Bd. 13, § 502.
7　Hegel, *Grundlinien der Philosophie des Rechts*, TWA Bd. 7, § 104.

将主观且特殊的意志引介到普遍的意志之中的事实情况描述为道德。

从抽象的规定性,即直接的自在的意志(它在与"物"的关联中显示自己,并集中表现在否定的行动和禁止上)开始,黑格尔的论述渐渐转移到了主观的和特殊的规定性,转移到了具体被要求、被允许的行动,转移到了主体性内在的自我决定性。思维的运动从个人的行为发展为道德行动,从抽象-形式的对个别的人的承认发展到对特殊个体作为道德主体反思性的承认,从抽象-形式的法权发展到道德。道德,作为特殊性的领域,对认识和规定现代性的本质特征具有重要意义。

俄瑞斯忒亚和俄狄浦斯——英雄的自我意识与现代性

动机与行为(Tat),内在的主体规定性与实施(Vollzug),必须被一起思考。意图与真正的行动之间的概念性连接当然并不是20世纪分析哲学,比如唐纳德·戴维森(Donald Davidson)[1]等,才具有的见识,它乃是黑格尔有关行动规定性最基础的思想。在此思想中,行为与行动是相互区别的。与形式法所分析的各种行为不同,只有把意图(故意与意图)考虑进来,我们才能谈论行动。动机作为有意的内在性属于行动的完整性,诸动机对自由意志而言是根本性的东西。这样,我们就达到了法与自由的一个更高层次。行动充当的是内在的意志规定性在行为上的(tätliche)外化。自由意志只承认自己在自身中所意识到的和所意愿的东西,只让这些东西被判给自己[2]——"我的见识,我的目的,是何者为法的本质因素。"[3] 在行动中,在内在精神的向外展示中,我们具有了"对

---

1 黑格尔"采纳了一个可以看出与戴维森自己在现时代的立场类似的立场"。(Knowles Dudley, *Hegel and the Philosophy of Right*, London New York, 2002.)
2 Hegel, *Enzyklopädie*, TWA Bd. 13, § 503.
3 Hegel, *Philosophie des Rechts. Nach der Vorlesungsnachschrift K.G.v. Griesheims 1824/25*, In: Ilting, Bd. 4.

内在意图和目的的现实阐释与说明"。"规定性（与此在的某种被创造的改变直接联系在一起的）的整个范围"都属于行为。[1] 关于行动，需要考虑的只是："行为中的什么东西是来自决定的，或意识中曾有什么东西，因而，意志把什么东西算作是它自己的东西。"[2] 主体（人）通过行动积极地步入具体的现实性中。[3] 行动概念的进一步规定和对特殊行动的评价现在构成了讨论的本来对象。

黑格尔的判断理论作为道德的逻辑根据

黑格尔在他的逻辑判断理论中规定了判断的根本形式："一切事物都是一个判断"，这就是说，一切事物都是个别的，而个体事物又是具有普遍性或内在本性于其自身的；或者说是，分离为个别的普遍物。在这种个体化的普遍性中，普遍性与个体性是区别开了的，但同时又是同一的。事物都是有限的，因为事物是一个判断，因为它们的特定存在和它们的普遍本性（它们的肉体和它们的灵魂）虽是联合在一起的（否则事物将为无物），但它们的这些环节仍然是不同的，而且一般说来又是可以分离的。[4] 在此之后，他高度赞扬了康德的功绩，即康德已经通过将范畴表（Kategorientafel）图式化对判断理论做了一个逻辑上的划分。且不论这张表的不足，它毕竟还是反映出了这样一个洞见，即"各种不同的判断的原则都是通过理念的普遍形式本身而获得规定的"。相应地，黑格尔的逻辑学"也区分为三种不同的判断的主要形式，恰好相当于'存在''本质'和'概念'三个阶段"。而三种判断中的第二种判断恰好相当于本质的特点，亦即相当于差别的阶段，使得这种判断拥有双重表

---

[1] Hegel, *Philosophische Enzyklopädie für die Oberklasse*, TWA Bd. 4, S. 56.
[2] Hegel, *Rechts-, Pflichten- und Religionslehre für die Unterklasse*, TWA Bd. 4, S. 207.
[3] Hegel, *Vorlesungen über die Ästhetik*, TWA Bd. 15, S. 485.
[4] Hegel, *Enzyklopädie*, TWA Bd. 13, § 167, 168.

述。"各种不同的判断不能看作罗列在同一水平,具有同等价值,毋宁把它们认作是构成一种阶段性的次序,而各种判断的区别则是建筑在谓词的逻辑意义上的。"[1] 在此基础上黑格尔展开了"实践判断"的层级,即意味着这种判断与行动有关。在《法哲学原理》的第114节中,黑格尔确立了道德法的基本结构,在别处他也称这一结构为"判断的运动"[2],这贯穿于可归咎性三个阶段之始终[3]:(1)抽象的、形式性的行动之法作为一种故意的行动,以对环境的直接知识为特点的行动,可以被归咎于我(第一阶段的暂时性在此被揭示了出来,恰如抽象的形式法应被归责一样——这在抽象法的最后一个阶段中是被逻辑地预示出来的):犯罪行为是一种无限判断;(2.1)行动的意图和其对我的价值和(2.2)幸福作为行动的内容,作为我特殊的目的,被反思性认识支撑了起来;(3)善是在其普遍性中的内容和带有主观普遍性的对象的客观性,是概念之认识,是概念判断,并且因而最终建立为"主词和谓词作为概念的被规定的和实现了的统一"[4],是推论这一逻辑形式的转化[5],是从道德向着伦理实体在思维上必然的过渡。

认识的法——行动作为有意的行为

在道德行动理论(作为实践科学的一部分)的前面几段中,黑格尔表述了一种基础法,因而也表述了一种义务:认识的法。焦点在于内在

1　Hegel, *Enzyklopädie*, TWA Bd. 13, §171 note.
2　Hegel, *Wissenschaft der Logik*, TWA Bd. 6, S. 309.
3　参见 Michael Quante, *Hegel's Planning Theory of Action*, a.a.O.。在此书中,匡特将黑格尔对归咎的设计称之为"认知上的归因主义",第226页,另一处富有启发性的说法也来自匡特,"我们归因的实践的黑格尔的示意图"(Hegel's map of our ascriptive pratices),第224页。
4　Hegel, *Wissenschaft der Logik*, TWA Bd. 6, S. 309.
5　在聚集、将行动概念中主体性和客体性之环节连接在一起的意义上,《逻辑学》包含了对"行动之推论"的提示和"善之推论"的提示。(Hegel, *Wissenschaft der Logik*, TWA Bd. 6, S. 545ff.)

的、有意的意志的自我决定在于决定行动的主观根据，在于我的见识，我的诸内在动机，在于我的认知和我的目的，在于"伦理上正当的东西"——所有这些都是道德法的本质性的规定性因素。道德的事物涉及的是"行动过程中作为主要因素的、对情况的认识、对善的确信以及内在意图"[1]。理性准则意义上的这种认知必须是道德行动固有的：见识属于意图，它是行动的"灵魂"。伦理上的善取决于伦理上"正当的事物"，按照康德，这种正当的事物只遵从自身而独立于行为的后果。"正如康德以前做过的那样，黑格尔也试图阐明一种理性自律基础上的伦理学。"[2]

在这里，我的行动的动机与理由、我的自由而内在的自我决定性得到了明确的肯定和辩护。只有基于自我归因（Selbstzuschreibung）、自我归责（Selbstzurechnung），我们才能谈论一般的我的行动。参照《法哲学原理》第 105 节和黑格尔自己的笔记，这个问题能得到很好地阐明。[3] 只有清楚地将意志规定为自身内无限的东西，规定为与直接性和单纯自在性相对立的自为的同一性（因而法的第一阶段即抽象法变成了第二阶段的对象），我们才能着手在（1）主体、（2）对象与（3）概念规定之间做出准确区分，并在其中强调有关认识的法的思想：主体知道自己是自由的，知道自身中的自由，因而我认识到自己是为我而存在的。意志自身就是对象，因而是其在自身内的存在，是作为知识的主观意志之法。对自由的一种现代理解把注意力投向行为的动机上，而不考虑行动的后果——"事物是如何内在地成为在我之中的"[4]——投向我的内在判断和我的内在赞同，投向认知作为属于我的东西，投向伦理上正当的事情。这里涉及的是对某个我知道的东西的意愿。即某个已经在我之

---

1 Hegel, *Vorlesungen über die Ästhetik*, TWA Bd. 13, S. 247.
2 参见 Allen Wood, *Hegel's Critique of Morality*, a.a.O.。
3 此处笔记在根本上所包含的和讲座手稿的文本（带有限制）也为启发本文提供了重要的帮助。
4 Hegel, *Grundlinien der Philosophie des Rechts*, TWA Bd. 7, §105 note.

前、在行动的现实表达之前就已存在的东西，也就是某种"理论上"的东西。[1] 这一点符合义务伦理学（deontologische Ethik）的基本理念，符合在伦理评价与伦理上正当的行动这种意义上的"应该之事"（Gesollte，即禁条、信条以及义务所表达的东西）之间的关系。[2]

"善"、"恶"之评价关涉的只是主体的行动，而不是事实。我们再回顾一下《法哲学原理》第 5 节，即意愿的最初规定——对其自身的纯思维（reine Denken seiner selbst）。见识、认知、理论的东西、思维，它们展示了内在的主体规定性的基础。这里处理的是有意的行动，有了这种意识，自由存在本来的宝藏及其中的稀世之宝就跃入我们的眼帘。这里涉及的是"唯一的法则，即每个理性的存在之意志都要加于自身的东西"（康德），意志知道自己是绝对有效的（黑格尔）。从道德的角度看，所有与形式法有关的、可能发生的犯罪行为之事实情况都可以忽略不计——偷盗、入室盗窃、暴力和谋杀不会颠覆道德本身。"思想是自由的"，正如在一首德语民歌里所唱到的。[3]

道德的观点首先可以要求一种无限制的法和无条件的有效性。其过程展开于认识是分等级的这一基础之上，即展开于认知三个步骤之上：从抽象的、单纯的故意，经过具体的意图，直到关于善的认知基础上的主观意志之法，直到良知（Ge-Wissen），逻辑地说，就是从特殊性到普遍性。通过这种方式，我们就可以实现向着把握着行动的思维之上升，并在严格排除了所有谎言、成见和单纯意见或保证的情况下、实现认知

---

[1] 黑格尔主要将冲动理解为"内在的、自己特有的运动"（Hegel, *Wissenschaft der Logik*, TWA Bd. 6, S. 76.），是"它自身存在"和"它自身的否定性"的统一。
[2] Michael Quante, *Hegels Begriff der Handlung*, S. 130ff.
[3] 它们是夜晚的、寂静的阴影，没有猎手能射杀它们，没人能将它们投入监狱。它们破坏了一切界限和封闭——"我思维我所意愿的，我思维令我愉悦的，没有人能限制我的愿望和渴求"，参见歌词文本，"思想是自由的"；就这个问题，我们在《普鲁士一般通法》（第三部分，第 2 节）之中读到这样的法学解释："只有外在的自由行动能通过法则被规定。"

的目的，并在逻辑上完成奠基。据说人有"权利去要求这一点，即他已知道了他所做的事情"[1]。这里涉及的还不是行动的后果，而是作为行动之灵魂的、以不断增长着的归咎或可归咎性形式出现的内在精神。[2] "行动的精神方面必须具有绝对的价值。"[3] 行动者同时被承认、尊重和尊敬为思想者和意愿者。

认识的法与艺术作品中的英雄的自我意识

道德是特殊之物的第一个领域，《法哲学原理》的第117节对"行动"这个论题在概念上做出了精确的规定：这里涉及的是归责、对所为的归咎，涉及的是"认识的法"。在这一段文本中黑格尔也展示了在诗的和神话的例子当中的行动理论的问题：俄狄浦斯的行为是杀人，而不是谋杀，从现代的视角来看，他不能是一个弑父者和乱伦者，因为这样的行为"既不是其所知亦不是其所欲的"[4]。他的行为是因为"不知道"，是因为他对受害者是他父亲毫不知情。《法哲学原理》的第118节和《美学讲演录》中的行动章节都讨论了英雄自我意识与现代伦理观念的成就和片面性。[5] 英雄的意识固执于对其所有行为的归咎中，把行为的完整性归责自己。但正按照黑格尔所言，因为英雄的自我意识，还没有从它的天真中走出，"达到反思以区分行为与行动，外在事件与故意及认识"[6]。

黑格尔艺术哲学中涉及"行动"的篇幅乃是作为实践哲学与诗学-美学视角之完美结合，在其中包含了对归咎问题的卓越的处理。以下这段精彩卓绝的引文充分证明了这些，它以揭示出古代和现代世界之差异

1　Bl 91f.，着重号为引用者所加。
2　Immanuel Kant, "Imputabilität", In: *Kritik der reinen Vernunft*, KrV A, S. 476.
3　Hegel, *Grundinien der Philosophie des Rechts*, TWA Bd. 7, § 124 note.
4　Ebd., S. 246–247.
5　Ebd., § 118.
6　Ebd.

为目标。正如行动概念在法哲学中充分展开的那样，此处汇总了关于行动概念的核心段落：

> 但正如现在在英雄时代的情况下主体既然与他所有的意愿、行为和成就保持在一种直接的关联中一样，主体也要对其行为所产生的后果完全负责。相反，如果我们（现代人）去行动或对行动进行评判，那么，为了能将一个行动判给该个体，我们就会要求这一点，即该个体对他的行动方式和他实施该行动的情况具有意识和认知……现代人就不会对他所做的事完完全全负责，而是排除自己的行为中因对情况的无知或错误认知所导致的那种与意愿相悖的部分，而只考虑自己认识清楚的、在此认识的基础上以故意和意图所实施的东西。英雄角色却并没有做出这种区分，而是以自己全部的个体性对自己的全部行为负责……[1]

英雄自身的德行作为直接地，而非间接地对实体性和特殊性的统一，在此基础上，英雄们出于个性的自主性和任性采取了把所有行动归咎于自己。在完全没有意识到那个老者是自己父亲的情形下，俄狄浦斯杀死了他。俄狄浦斯将这一行动完全归咎在自己身上，即杀死一个老者，而非是自己的父亲。"但是知道了之后，他完全承认了这宗罪行"，尽管既然出于他的无知就不是出于他的意志。英雄性格就不肯推卸自己的责任，也不认识到主观意图与客观行动及其后果之间的矛盾。主体也愿意要把他所做的事看成完全是由他做的，对它的后果负完全的责任。[2]

---

1 Hegel, *Volesungen über die Ästhetik*, TWA Bd. 13, S. 246ff.
2 Ebd., S. 247ff.；在《法哲学原理》第118节的一个注释中，黑格尔将俄瑞斯忒亚作为英雄自我意识的诗性再现，他毫无保留地将自己的所为归给自己——"他们想对自己所做的事情负责……想自己来承担这个遭难——即是说，他们被自己的行为所触动。"

对这样的英雄行为而言，其根据在于肯定的无限判断，行动不再将与自身相关联的外在情况与自主的规定着的内心想法相区分，外在的和内在的没有差异了，被一并而论，我的行为就是我的行动。

行动者对自己而言，自己就是法则，他因而处在一种前法则、无国家的状态中，即是说，在作为某种无公共权力结构的英雄时代，需要强调的是，英雄行动者们不能被承认为道德英雄，因为行为与行动之间的区分还没有被考虑到，或者用现代的话来说：行动概念还没有得到充分的厘清。[1] 荷马的主人公们都是从其德行的排他性出发来行动的，从现代的观点来看，他们都是失去法律保护的人。英雄对其所为所产生的后果全权负责，这样英雄似乎就是忠厚老实的后果主义者。相反，在行动与评判方面，现代的思维则在其意图、故意和打算、所为的后果及情况之间做出区分。为了能将某个行动归咎于个体，我们要求这一点，即"个体对其行动的方式及其实施该行动的情况具有意识和认知"[2]。现代人坚持认识的法，其所涉及的，如黑格尔在谈到索福克勒斯的《俄狄浦斯王》与《俄狄浦斯在科罗诺斯》的时候所说，是"清醒的认知的法，是对人通过自己意识到的意愿所实施的事情的正名，是对相反的事情即他并没有意识到的且不是他所意愿的，而是他按照诸神的规定所做的事情的正名"。"我们今天更为深刻的意识"之法在于，诸如俄狄浦斯之类的所为，因"其所为既不是其所知亦不是其所愿，故不能被承认为其本来自我的所为"[3]。

就在道德语境下的目的和意图而言，这种现代立场可以被描述为道德。我们对环境的认知的主观方面，以及我们对善的确信，共同组成了行动的主要因素。黑格尔将之解释为进步：行动者仅仅为自己狭义

1　参见 Klaus Vieweg, *Das Denken der Freiheit*, a.a.O., 尤其是论"道德"的段落。
2　Hegel, *Vorlesungen über die Ästhetik*, TWA Bd. 15.
3　Ebd., S. 545.

上的行动担保，这一原则拒斥了诸如集体负责之类的思想（远远早于卡尔·雅斯贝尔斯［Karl Jaspers］），以及家族株连的观念。因此，现在行动者可以在自己的行动与家族、共同体的行动间做出明确的区分。在令人印象深刻的段落中，黑格尔对简单的血缘相继的荣光或责难提出了抗议：他的祖先是什么，他就是什么；他的祖先所忍受的和所犯的也就是他自己所忍受的和所犯的。这一观念只是对某种盲目命运的非理性的屈服。"在我们（现代人）中间，祖先的功绩不能使子孙受荣，祖先的罪恶和惩罚也连累不到子孙，也不能玷污子孙的主体性格。"例如，黑格尔认为，连没收家庭财产这样的惩罚也是破坏了深刻的主体自由的原则[1]。但是黑格尔又指出，在古代的富有弹性的整体里，英雄的个体能够更完美地凸显出来，因为实体性之物在英雄那里成了直接的个体，并且个体借此在其自身中就有实体性（实体性正是古典型艺术中理念和形态达到完美的和谐一致的根本维度），这一维度在现代则不可避免地丧失了。现代艺术只能把自身的理想艺术形态颠倒回神话与艺术的时代，以便缓和现代的散文特征（这种散文特征表现为，它将曾经出现在悲剧中的犯罪与不法发展成了侦探小说），也附带着为现在出现的种种翻拍做了辩护：对浪漫主义的艺术家们而言，"应当允许他取材于现成的历史、传说、编年纪事乃至早已被艺术家运用过的旧材料和情境，但是他应该经常能推陈出新"。精神层面的重要生命力量会因被挑战或被侵犯而产生冲突，而这一冲突正是戏剧性的来源，首先是通过无知和无意图所为（大埃阿斯［Ajax］），其次是根据有意图的、有意识的伤害（比如阿伽门农对伊菲革尼亚［Iphigenie］，克吕泰涅斯特拉对阿伽门农和俄瑞斯忒亚对自己的母亲等等），第三则是通过间接的损害。

最后，让我们用俄瑞斯忒亚的故事来展示故意与意图、第一种意

---

[1] Hegel, *Vorlesungen über die Ästhetik*, TWA Bd. 13, S. 248.

义上的与第二种意义上的归咎间的区别，这样的区别对责任问题是至关重要的。内在的东西，可归咎性以及所为的整体，现在也相互分离了，行动将自身分割成普遍性和特殊性。[1] 俄瑞斯忒亚杀了（1）母亲，并（2）为父亲报了仇。一方面丈夫和王的权利，"清楚明白的、认知着的、认知着自己的伦理性"[2] 得到捍卫，但在这样一种前现代的状况中，有效的只是部分德行之法则，而绝不是法。复仇的枷锁必须被打破，此枷锁的基础乃是无限进展的这种逻辑上不完整的模型。向政治的过渡提示出对现代国家的结构的思想，在此思想中，只有国家才有垄断性的力量，只有国家才是惩罚的唯一合法性来源。根据古代人和歌德（Goethe）对伊菲革尼亚题材的加工，同样也鉴于欧墨尼得斯（作为外在的和内在的主管者）的含义，黑格尔指明了古代与现代之间的区别——道德之维在后面这个关于欧墨尼得斯的文本那里得以表达："这是人本来的所为，是折磨他、使他痛苦的意识，就他把自己的所为认作是他自身中的恶行而言。"[3] 在《俄狄浦斯在科罗诺斯》这部悲剧中，内在和解的主题被敏锐地把握到了，"由于自身的主体性反倒接近向现代特征"，但相比之下欧里庇得斯（Euripides）的主角们已经再也表演不出相同的可塑的伦理性格，而且古典结构之腐化的情形在它的作品中已经比较显明（在阿里斯托芬的喜剧中情况也是如此）。[4]

总　结

行文至此，可以对在黑格尔实践哲学和美学，尤其诗学文本中的

1　Hegel, *Grundinien der Philosophie des Rechts*, TWA Bd.7, §120 note.
2　Ebd., S. 59.
3　Hegel, *Vorlesungen über die Philosophie der Religion*, TWA Bd. 17, S. 128.
4　Hegel, *Vorlesungen über die Philosophie der Geschichte*, TWA Bd. 12, S. 318.

"行动"概念的一些基本特征做一个大致的描画:"行动"概念所体现出的现代性是关键,是重中之重。进一步我们还要研究在黑格尔的体系建筑术中,从客观精神到绝对精神的过渡、从法哲学到艺术哲学的转换是如何发生的,也即在作为整体行动关联的哲学史中,从历史事件到幻想事件、从历史叙述到诗意化叙述的转变是如何发生的。

无论如何,黑格尔坚持的都是一种完整的行动概念。如同黑格尔在他的《法哲学原理》里所描述的那样,在此处,行动完全是在英雄的自我意识、可塑的整体性以及其正直性的意义上被整体性地考量的。这一点包含了对两个如今占统治地位的伦理方案的批评,即对义务伦理学和后果主义者的批判,与此有关的是后面的这个黑格尔在《法哲学原理》第 118 节中的评价:"一个准则是:在行动那里忽视后果,另一个准则是:从后果来评判行动并将此作为善恶对错的标准——两个准则都是抽象的知性。"对行动的一个充分的评判来说,忽视后果而唯独关注意图,和只指向后果,这两种做法都需要被克服。两种方案中的行动概念都没有在其整体性中来打量,个别因素被提升为行为评判的唯一标准——"知性的抽象是对某个规定性的粗暴坚持。"[1] 或者用康德的术语:不仅幸福(Eudämonie,幸福原则),而且自律(Eleutheronomie,内在立法的自由原则)也只剩下片面的原则。这一评估不仅切中了"定言命令"(kategorischen Imperatoren)的要害,而且也揭示出其"对立面"幸福学说本身的悖谬。[2]

黑格尔对行动整体性的视角,构成了现代行动理论的第一个要素,对现代性来说不可舍弃的第二个要素在于那种超越了英雄意识的、对行动及相应的可归咎性(即对行动者适合的归咎)这两个要素之间的区

---

[1] Hegel, *Enzyklopädie*, TWA Bd. 10, § 89.
[2] Jean Paul, *Palingenesien*, In: *Jean Pauls Sämtliche Werke*, Abt. I. Vierter Band, Darmstadt, Wissenschaftliche Buchgesellschaft, S. 809–813.

分。对行动要素的区分，其所得也给自身带来了这样一种危险：即对某个个别要素的片面强调，而英雄意识恰好能通过对自己行为的忠诚可靠避免这一危险。

黑格尔在主体性中看出了现代的英雄气概，行动必然包含了作为特殊性的道德，必然包含了作为抽象法和伦理实体的居间点。在自由的行动中，认识的法是不可或缺的。在法哲学的第 124 节中，黑格尔对这点做了极其清楚的解释："主体的特殊性求获自我满足的这种法，或者这样说也一样，主观自由的法，是划分古代和近代的转折点和中心点。这种法就他的无限性来说，被表达于基督教中，并成为新世界形式的普遍而现实的原则。"爱、浪漫化之物、道德属于这样一种更进一步的形态，因此，本文所思考的行动中的两个特征点——在两个特征点中自由被牢牢确立为行动的核心规定——恰恰不能被思考为超越善恶之外的东西，而黑格尔的实践判断理论正是这一论断的根据。[1] 正如黑格尔所补充的："特殊性这一原则当然是对立面的一个环节，它最初至少是与普遍同一而又与它有差别的。"[2] 同样，对行动概念的这一方面理解也与现代浪漫主义艺术的理论，以及理念与形态间的不一致有所关联。

实践哲学对惩罚的思考，对行为故意和行动意图的思考，以及相应的对欧墨尼得斯、俄狄浦斯和俄瑞斯提亚的诗学考量，这些都证明了对行为和行动进行区分的必要性，在此，行为必须被视为没有得到充分规定的概念。对整体性的、在自身中区别着的行动概念之构划来说，对实践哲学和艺术哲学进行一种关联性的检视（作为一种相互的丰富补充），似乎是最富于成效的——也正是通过作为这种相互补充之基础的行动概

---

1 参见 Klaus Vieweg, *Das Denken der Freiheit*, a.a.O., 黑格尔实践判断之判断表, 参见第 165 页及其后。

2 Erzsebet Rozsa, "Besonderheit, besondere Existenz und das Problem der praktischen Individualität beim Berliner Hegel", In: *Hegels Konzeption praktischer Individualität. Von der Phänomenologie des Geistes zum enzyklopädischen System*, Hrsg. v. K. Engelhard & M. Quante. Mentis, 2007.

念，黑格尔的美学表明自身是一种关于现代性的理论，其整个哲学也表明自身是对自由的思想。

（贾红雨　徐贤樑　译）

第五篇

浪漫派的反讽作为美学式的怀疑论
——论黑格尔对"先验诗"计划的批判[*]

* 对这一问题域进一步的思考参见 Klaus Vieweg, *Philosophie des Remis. Der junge Hegel und das "Gespenst des Skepticismus"*, München: Fink, 1999。

对于黑格尔与施莱格尔之间的关系，绝大部分研究依然明显地处在僵化且刻板的思维模式中。一方面，在最新的研究中，有研究者指出，黑格尔的"对反讽的批判"概念其实与施莱格尔的"对反讽的理解"并没什么关系，他的批判其实就和执剑击空没什么两样。[1] 这种观点导致了一场纯粹学术上的辩论，当然，在事实上人们绝不会把这种观点看作是一种"理解反讽（Ironie）概念的尝试，从而将其采纳"[2]。而另一方面，即在一种重构黑格尔哲学框架的尝试中，施莱格尔思想的影响被认为只在一些无关紧要的情形下起到过一定作用。[3] 奥托·珀格勒（Otto Pöggeler）早已提出，对这两条解释线索都需要做出根本性的修正，并且他已经这么做了，他注意到了青年黑格尔和青年施莱格尔在初步构建自己思想时相似的计划和要求，在耶拿的第一年里黑格尔也以这种重要

---

1 O. Walzel, *Methode? Ironie bei Schlegel und Solger*, In: *Helicon* 1, 1938, S. 48.
2 E. Behler, *Ironie und literarische Modernität*, Paderborn München/Wien/Zürich, 1997, S. 124.
3 奥托·珀格勒始终反对在研究中关注这些缺失的部分，并且已经指明了这两种思想方式间隐蔽的关联。

的方式与施莱格尔联系在一起。[1]

反讽和否定性

在这两种思想的多棱镜中折射出了否定性和怀疑的关系，但令人惊讶的是，这一确凿无疑的观点迄今还未引起人们充分的重视。尽管在纪念索尔格时，黑格尔对反讽的核心内容做了一个决定性的标示，"无限的绝对的否定性"，并且也暗示出了否定性和这种"通过反讽消解被规定性和实体性"[2]的方法之间的亲缘关系，但是否定性-怀疑-反讽之间的关系性结构仍然没有得到充分的揭示。因此，如何准确地理解黑格尔对施莱格尔及其所代表的浪漫派反讽概念的研究，其中一条关键性的进路依然没有被带入正确的方向。迄今为止，还没有人像诺瓦利斯那样可以全然不受拘束地公开反讽那隐而不显的秘密：其关涉到一个"普遍的全然摧毁性的体系"（Annihilationssystem）[3]。耶拿时期黑格尔思想的核心聚焦到了一种新形式的二律背反学说，他开始试图完成一份建构同时扬弃二律背反的初步计划：自我创造（Selbstschöpfung）和自我毁灭（Selbstvernichtung）的交替。这一思路在作为"自身实现着的怀疑主义"（sich vollbringenden Skeptizismus），在《精神现象学》的纲领中保留了其系统性的形态。施莱格尔和黑格尔都通过一种隐含的或内在的怀疑主义发展出自己的思想策略。通过比较二者所代表的两种不同模式间的相似

---

[1] 参见 O. Pöggeler, "Ist Schlegel Hegel? Friedrich Schlegel und Hölderlins Frankfurter Freundeskreis", In: *Frankfurt aber ist der Nabel dieser Erde*, Stuttgart, 1983, S.340-348; 亦参见 "Die Entstehung der Hegelschen Ästhetik in Jena", In: *Hegel in Jena. Die Entwicklung des Systems und die Zusammenarbeit mit Schelling*, Hrsg. v. D. Henrich u. K. Düsing, Bonn, 1980, S. 252; 亦参见珀格勒新版的博士论文 "Hegels Kritik der Romantik" 中的后记，我感谢珀格勒允许我查阅这些手稿。

[2] Hegel, *Vorlesungen über die Ästhetik*, TWA Bd. 13, S. 98, 90.

[3] Novalis, *Das Allgemeine Brouillon*, NS III, S. 292.

关系和对立关系，或许能将反讽哲学和绝对哲学之间所蕴含的内在关联带入到新的研究视野下。[1]

黑格尔将反讽作为一个理解现代（neuesten Zeit）概念的关键点，在《差异论文》(《费希特与谢林哲学体系的差别》)[*Differenz des Fichteschen und Schellingschen Systems der Philosophie*]）的一些段落中，他不仅直接对费希特（Fichte）做了思想定位，也间接地给早期浪漫派的思想做出了定位。这是一段明显指向施莱尔马赫（Schleiermacher）《论宗教》（*Reden über Religion*）的论述：

> 那么它们和它们的被接受，尤其是诗歌和一般艺术开始在它的真正的范围内所得到的荣誉，都以较朦胧或较清醒的感觉，预示了需要哲学。这种哲学对自然在康德和费希特体系中遭受的虐待（Mißhandlung）做了调解，理性本身被建立为与自然的一致……理性出于内在力量使自己形成自然，由此而达到协调。[2]

对黑格尔而言，这些尝试标志着出现一种新的主体性哲学的必然性，但这些尝试本身却并不代表黑格尔所期待的那种思维方式的整体性改变。他们（指早期浪漫派）以批判的-怀疑的检验为其根基，以克服先验哲学的二元论为主要努力方向。施莱格尔在《雅典娜神殿》（*Athenäum*）中已经将这样一种意图：构建"精神性的内容和构建内容丰富的精神"，带入到这一努力方向之中。"在美的呈现中，自然应当是理念性的，而理念则应当是自然的。"[3] 艺术和思辨哲学一样，其本质

---

1 参见 Klaus Vieweg, *Philosophie des Remis*, a. a. O.。
2 Hegel, *Differenz des Fichteschen und Schellingschen Systems der Philosophie*, TWA Bd. 2, S. 13. 本书部分译文参照：黑格尔，《费希特与谢林哲学体系的差别》，宋祖良等译，商务印书馆，1994 年。
3 F. Schlegel, *Athenäum*, In: *Friedrich Schlegel, Kritische Ausgabe seiner Werke*, Hrsg. v. Ernst Behler, Paderborn München Wien Zürich. 1958 ff. (FS), II, S. 196 Nr. 198.

都是祈祷，是"一种对绝对生命的活生生的直观并借此在直观中融合为一"（黑格尔），"诗与哲学乃是宗教的不同形式"（施莱格尔）。[1] 诗化哲学为了反对知性的冷酷之心，反对一切无生气的分析和毫无温度的要求，展现出了克服主体性-客体性分裂的追求。整个世界应当作为一个绝对的、活生生的大全来把握。但在另一方面，早期浪漫派的精神并没能根本性地超出费希特哲学的思想范围。[2] 在他们尝试克服二元论时，一种新的二元论，即一种诗意形式的二元论被重新建立起来了。他们的努力其实表现为一种逆喻（Oxymoron，矛盾修辞法），先验诗即是如此，借此，这种浪漫主义式的对诗歌和哲学联合的计划被勾勒了出来。

恩斯特·贝勒（Ernst Behler）和曼弗雷德·弗兰克（Manfred Frank）非常一致地把交互原理和交互定理（Wechselgrundsatz-Theorem）描述为施莱格尔哲学的出发点，这来自施莱格尔与费希特早期哲学的批判性关联。[3] 在 1796 年，施莱格尔记下了如下话语："在我的体系中，交互证明（Wechselerweis）确实是最后的根据。在费希特的体系中，这是一个公设和一个无条件的命题。"[4] 作为耶拿时期的回响，在 1801 年后的一次讲座中，施莱格尔概述了他对费希特的极富洞见的批判，其批判方式与经典

---

1 参见 Hegel, *Differenz des Fichteschen und Schellingschen Systems der Philosophie*, TWA Bd.2, S. 112; F. Schegels, *Athenäum*, a.a.O., S. 260-261 Nr. 46。
2 只是从黑格尔对费希特阐释的不同的维度（主体性、二元论、渴望、努力、交替规定）就可以说明黑格尔在耶拿时期对施莱格尔浪漫主义的反讽的反对。只是如此便可清楚地表明，为何黑格尔针对施莱格尔总是说出同一番看法，施莱格尔的思想出自费希特哲学，为何先验诗只是如此一种趋向，这种趋向以费希特哲学中的主体性为出发点，为何反讽只是呈现出回到费希特哲学的倾向。
3 参见 M. Frank, "'Wechselgrundsatz', Friedrich Schlegels philosophischer Ausgangspunkt", In: *Zeitschrift für philosophische Forschung*, Bd. 50 (1996), S. 26-50（以下引用时只注明 FS）; E.Behler, *Ironie und literarische Modernität*, S. 92-114; 参见 F. Schegels, Kritische Ausgabe, hrsg. E.Behler, Ferdinand Schöningh, zu: FS Bd. VIII, XLI-XLIII。
4 F. Schlegel, "Aus der ersten Epoche. Zur Logik und Philosophie", Jena, 1796, FS Bd. XVIII, S. 521 Nr. 22.

的怀疑主义论证相同，即（像黑格尔那样）揭示出费希特的知识学并非建立在唯一的原则之上，而是以两个完全对立的原则为基础。费希特的《知识学》(Wissenschaftslehre)脚下的根基并不是最高的基础性原则，而是踏在了两条相对立的原则之上。[1] 统一性的原则"据说能够达到无限，但实际上是完全空洞的"。通过消灭有限性而达到无限的统一体只是一个"否定的概念"，即简单、纯粹的统一性，在其中费希特"不能得到任何肯定性的东西"。施莱格尔在这里发现了最大的逻辑漏洞："纯粹的存在应当是活的，但不能拥有任何多样性。"所以在费希特体系的建构中，肯定性的一面必须作为第二项原则（因为它不能被推导出来）被填充进去；两项原则间的纯粹差异成了一种"障碍"，它使得自我的自我立法（Selbstgesetzgebung）成为可能。费希特在构建其体系之时，通过这种两种对立原则的相互刺激（Anstoß），第一次设定了绝对自我的自我立法，肯定性的原理（因而不能是派生的）必须被填充到有限的形态中。

在施莱格尔看来，解决这一难题的出路就在于对否定性和肯定性、毁灭和建构的交互规定；在于怀疑与激情（Enthusiasmus）、逻辑的动荡（logischer Insurrektion）和诗意的迷狂（poetischer Ekstase）之间的永恒转化。按照贝勒的说法，在这种交互证明的思想中，所涉及的苏格拉底-柏拉图式的反讽和费希特哲学被有机地结合起来了。[2] 按照施莱格尔的看法，柏拉图式的反讽问答具有典范的意义，代表了这种"有条件者

---

[1] 同一性原理是无限确定的，但也是全然空洞的，它有一种真理的无限的深刻性，但同时也就没了广度，并且必然使得在自身中产生对立，因而它并没有什么确定的东西，而是作为无限的单一性，是无限实在性的否定性的理念，由此它根本不能推导出什么肯定的东西（FS XII, 131）。在这个意义上，施莱格尔才能谈论否定的怀疑的运作方式和泛神论向着怀疑主义的过渡，出处同上。

[2] E. Behler, *Ironie und literarische Modernität*, a.a.O., S. 92–114.

和无条件者之间的持续不断的矛盾"。这种苏格拉底-柏拉图式的反讽将自身标志为源出于"赞同和反驳、思维和排斥思维的交替转化之流"[1]。这一怀疑的原则对柏拉图的哲学思辨而言是其"否定面",也正如诗意的激情乃是其内在的"肯定面"。施莱格尔打算努力地将苏格拉底-柏拉图式的反讽和当前的思想风尚:自我反思式的哲学相结合,以实现将诗意的热情重述为自我创造,将怀疑重述为自我毁灭。反讽的内容就表现在如下方面:扩展和收缩间持续不断的交替;对永恒的分离和联结做恒常的规定;综合和分解间的持续摆荡;在原理(Thetik)和反原理(Anti-Thetik)之间的永恒的游戏。

  施莱格尔对交替转化之流最著名的表述存在于自我创造和自我毁灭的关联中,这种表述同样表达出一种逆向活动、交替活动,这些活动自身同时既是肯定也是否定,这种表述揭示出在诗意热情和否定怀疑的秩序之中有着一种恣意放纵的诗意创造,其出自自身并且也将进入一种对自身的自我批判的回返。[2]

在耶拿时期的发展中,先验诗(这一哲学的美学化的变体)的任务,遭到了黑格尔持续而激烈的反对。即使是在他被自己所批判和拒斥的早期观点中,黑格尔也尝试揭示出,施莱格尔在重建一种在"费希特哲学"中就内在固有的二元论,并以诗歌的形式表现出来,即将反讽定义为"二元论的游戏"。反思哲学在当时是流行的思想,但其也只是导致了二律背反,导致了悖论。反讽作为一种持续性的反思,表明自身是怀疑主义的一种现代审美的版本,它被打上了不断窥探的机敏(Agilität)、

---

[1] F. Schlegel, "Philosophische Vorlesungen insbesondere über Philosophie der Sprache und des Wortes", FS X, S. 353.

[2] E. Behler, *Ironie und literarischer Modernität*, a.a.O., S. 131.

恣意奔放的创造性的烙印，但也是一种现代的悬置。和古代怀疑主义者一样，反讽所表现出的像神明一般的肆无忌惮能作为一种反对所有独断主义和僵化思想的有效工具。但反讽也如同其古代的先驱那样，始终处在否定的结果中，终止于悖论中。谢林对批判哲学的总结对浪漫派的反讽也同样有效：一方面它揭示出反思的矛盾，另一方面，对于超越于矛盾领域之上的东西，它什么也揭示不出来。当然这涉及的是一种"坏的怀疑主义"，"这种怀疑主义完全脱胎于反思，但自身却出现了畸变；它自己同时攻击这种反思哲学并且认为自己对反思哲学的进攻便是克服了特殊性"。[1]

在批评和论战中，教条的怀疑主义消解自身，自我消解于纯粹的否定之中[2]，施莱格尔的这句格言有力且恰当地切中了浪漫派反讽本身。在没有尽头的反思思维中、在持续不断的升幂之中，得到证明的却是相反的命题；通过谈论趋向无限的努力和悬而未决的来回摇摆，一切都在困境之中被固定化为停止，这种二元论根本缺陷就在于此。处在绝对矛盾中的永恒摇摆阻碍了现实的综合。施莱格尔和诺瓦利斯总是刚一谈及联结就止步不前了，但却没有一处指明这种联结究竟看起来是怎么样的。有限应当通过持续的累加接近无限，但却不能真正达到无限。由于这种无限趋近（Approximation）的思维方式，施莱格尔陷入一种自身矛盾的经验主义中。这种综合和毁灭持续不断的摇摆就与转经筒的旋转类似，这种矛盾的永恒复返导向了虚无的否定。有限物和有限物只是紧挨着，人们被困在有限性的枷锁，困在限制的领域和知性之中。对反命题的永恒重建产生出这种强烈的结果。非同一性原则在有限向无限的努力中显现自身，这同费希特，以及其年轻的后继者——早期浪漫派——有着密

1　F.W.J. Schelling, *Fernere Darstellungen aus dem System der Philosophie*, SW I/4, S. 365. "真正的怀疑主义是全然反对反思性认识的。"

2　F. Schlegel, *Die Entwicklung der Philosophie in zwölf Büchern (Köln 1804—1805)*, FS XII, S. 129. "一旦怀疑主义应当是富有成效的和实在的，它就是批判的……，康德的哲学是某种程度上也是这样一种批判。"（同上，第131页）

切关联。

  那延伸的特定存在只在时间的综合中掩盖对立。通过与其绝对对立面,即无限性的这种权宜之计式的统一,它的贫乏非但没有被消除,反倒更引人注目了。[1]

  在这一视域中,早期浪漫派的哲学思考是这样一种思想,它讲了一套永远不会实现的空话作为敷衍。这种诗意的向着信仰的飞越(salto mortale)[2],即对绝对譬喻性的预言和暗示性的表达,确证了自身无非正是施莱格尔所批判的弗里德里希·海因里希·雅可比(Friedrich Heinrich Jacobi)的信仰之跃,当作更进一步的考察时,人们就会发现主体总是被困在纯粹知性的出发点上,任何试图通过情感、直观和渴望来摆脱困境的尝试都像"堂吉诃德骑着木马在空中旅行"一样。[3]

  对绝对的认识(作为思维着的把握)被拒斥了,无条件者(Das Unbedingte,施莱格尔并没有放弃它,因为如果没有无条件的知识,任何有限的事物也变得不可能了)却只能以比喻的方式来表达。只能在诗意的直接性中,在断片式的综合中,在那些"习惯漫步于启示的光芒之中的"艺术家的作品中表达出来。[4] 浪漫派精神的命运预示了这种无根性是站不住脚的。一种直接的确信的、美学-艺术的启示为这种浪漫主义主体性和"永恒机智"提供了永恒稳固的支撑。只有暗示和指向(对那

---

[1] Hegel, *Differenz des Fichteschen und Schellingschen Systems der Philosophie*, TWA Bd. 2, S. 71. 对其中所涉及的早期浪漫派思想中的时间问题,参见 M. Frank, *Einführung in die frühromantische Ästhetik*, Frankfurt a. M. 1989, S. 247。

[2] "salto mortale" 出自意大利谚语,它用于描述马戏演员在钢丝上翻筋斗。黑格尔在《信仰与知识》一文中用来形容雅各比哲学,指雅各比从知识过渡到信仰是飞跃式的。——译者注

[3] F. Schlegel, *Athenäum*, a.a.O., S. 227 Nr. 346.

[4] Ebd., Nr. 131.

些人们一无所知的东西的暗示）是可能的，美的真理、诗意直观的真理应当取代思想的真理而被引入。按照曼弗雷德·弗兰克的说法："艺术进入概念的堡垒中并成了我们不可支配的自我中介的最后的和无与伦比的表达。"[1]

谢林和黑格尔把这种（在当今又重新成了时尚）显现和隐藏、闪光和昏暗、敞开和阻隔间持续的更替恰如其分地描述为：最高者"只有在我们把握不到它的时候才在那儿，一旦我们把握到它，它就不在那儿了"[2]。这宣布了一个无法达到的彼岸，在人们把握它时，它反而自行逃逸了，或者确切地说是，一旦到达，这个彼岸就已然隐去了。它只有在情感之中，在诗意迷狂的瞬间之中，在审美直观的直接性之中显露自己和公开自己。思维和论证检验的领域成了荒无人烟之地，而意见、主体想象、幻想的领域反倒登堂入室，并擢升为哲学的根基。哲学思辨应当被诗意化。由此不难理解，为何黑格尔会把施莱格尔的反讽描述为费希特哲学的"非哲学化"运用。浪漫派不能得到任何无限者的理念，而只能守护着那绝对所暗示出的图像。

这其中哪一些标准是关乎这样一幅绝对的图像的呢？所有思想都被拒之门外，只有这种内在的神谕、个体的任性和绝对的属我性（Meinigkeit）得以保留。对这些真实的情况，黑格尔用了这样一些术语："自我的绝对虚妄"（absolute Eitelkeit des Ich）和"对一切客观性自大的阻碍"（selbstgefällige Vereitelung alles Objektiven），换言之，即纯粹的否定性和主体性。他那些用于揭示怀疑主义反对知识的倾向时所说的，同样对浪漫派的反讽完全适用："谁紧密地依附于这种自我虚妄，那一切

---

1 M. Frank, *Einführung in die frühromantische Ästhetik*, a.a.O., S. 33.
2 F.W.J. Schelling, *Fernere Darstellungen aus dem System der Philosophie*, a.a.O., S. 357 Fn 2.

就会按照其所臆想的方式对其显现出来，一旦他的主观性不再和其他人相关，其他人就被置于一边，更遑论哲学了；但一旦他不与哲学相关，哲学也就与他无关了。"[1] 在较晚时期对《索尔格遗稿》的评注（Solger-Rezension）中，专门讨论了下面这则评注中所提及的否定性和反讽的关系，这里讨论的关系到对这些哲学根基的直接确定性。黑格尔对这种直接确定性的批判的概括如下：

> 一条原理必须证明，而不是借助什么来自直观的、直接的确定性、内在的启示而被直接给予……通过对一些关于忠诚、信仰的套话的接纳，对这些多种多样同时又那样单调无聊的所谓的这一时代的哲学而言，这种证明的要求就已经变成了某种陈腐不堪的东西。[2]

处在均势原则之中的怀疑和浪漫派的反讽之间所呈现的亲缘关系，有必要从黑格尔在耶拿时期的第一个阶段所形成的两个重要观点中清楚地提炼出来，并明白地加以阐明。以下的任务：首先梳理在 1803 年前后重新收集编订的黑格尔论述诗意直观的手稿；其次，配合浪漫派哲学的基本形象对阿格里帕的五个比方（Fünf Tropen des Agrippa）做一个比较性的考察。

诗意的直观和反讽对自身的反讽

《精神的本质》及《其形式》(Das Wesen des Geistes und seiner Form)[3]

---

1 Hegel, "Verhältnis des Skeptizismus zur Philosophie. Darstellung seiner verschiedenen Modifikationen und Vergleichung des neuesten mit dem alten", TWA Bd. 2, S. 249.
2 Hegel, Solgers nachgelassene Schriften und Briefwechsel, TWA Bd. 11, S. 254f.
3 Hegel, Fragmente aus Vorlesungs manuskripten (1803), Hamburg: Felix Meiner, 1998.

是黑格尔手稿残篇中最关键的篇目，人们不妨将这两份手稿看作为对先验诗的彻底的批评性研究，"诗意的直观"是这一批判的关键词，这两份手稿的论证所针对的是施莱格尔意图在"诗化哲学或说哲学之诗"中完成哲学和诗的联合，也涉及施莱格尔的《关于神话的谈话》(Rede über die Mythologie)，在这篇谈话中，施莱格尔急切地呼吁一种新神话。处在彼岸的最高者在原则上是该以思想规定存在的，而现在唯有以审美-诗意的观照才能进入，所有诗歌的开端必须以这般方式存在：

> 扬弃那合乎理性思维的理性的进程和法则，将我们再次置于幻想中、美的迷狂中、置于人性本性原初的混沌中，迄今为止，除了丰富多彩的各色古代诸神之外，我尚不知道还有什么能够更美地象征这种混沌。[1]

如黑格尔所指出的，诗意的直观的内在困境就在于：它确定无疑地把绝对的、活生生的大全放进个别性和具体的人的形象里，放进分离的生命性里。以诗歌呈现出的诸神是被限制的形象："分离的个体性，这些个体性之间彼此相对的运动乃是绝对自身生命运动的象征，但这个象征也仅仅只是隐匿的呈现。但对理性而言，这些应当被揭去面纱，而不受偶然性的形式和形象的局限。"[2] 任何一种形态"必须将自身与其他形态以一种必然的方式并置，由此，诸神也必须以并列出现的方式占满整个天国"[3]。在以诗歌展现的诸神的多样性中，如同《关于神话的谈话》中所描绘的在无规定的多神教中"丰富多彩的各色的古代诸神"，呈现出这样一个困境（Aporie），而这个困境其实在《关于神话的谈话》中论及特

---

1 F. Schlegel, *Redeüber die Mythologie*, FS II, S. 319.
2 Hegel, *Das Wesen des Geistes*, In: *Fragmente aus Vorlesungs manuskripten (1803)*, TWA Bd. 5, S. 372f.
3 Ebd., S. 374.

殊的诸神时就已经被表达出来了。每一个断片式的神性（其不可穿透性 [Undurchdringlichkeit] 暗示了这种含混性），对其自身而言代表了一种无条件的原理，并因此指示着绝对的图像，而非确切的概念。但与此同时，由于其自身具有多样性的形式，而他们又被设定为是完满的，这两者之间的矛盾令其陷入"各式各样的迷乱之中"。就此而言，神性成了"对自身的反讽"（Ironie in sich Selbst）[1]。有条件者和无条件者之间的矛盾并未如它自己所预见的那般被扬弃，这两个极端并没有被现实的综合。这种断片式的绝对者的悖论以及这种绝对化的断片被呈现出来了。一种对自身永恒本性的喜剧性的自我遗忘（Selbstvergessenheit），这恰恰适合描述这种以诗歌方式所呈现的诸神。这种庸常意识，如浪漫派那样，时而赞美这个环节，时而又赞美那个环节，把每一个的环节当作一个独立的神。[2]

先验诗"摇摆于概念的普遍性和现实的规定性和漠不相关性之间，它既不是鱼也不是肉，既不是诗，也不是哲学"[3]。在这普遍的湮没中，唯一肯定性的因素是，诗人高高在上并获得了对一切事物的绝对控制权，因而诗人代表了绝对本身。他能将任何一种规定确立起来或者取消掉，唯有对他而言显现为美的一切才是真的。新近停滞于否定性和主体性中的最终结果，就是施莱格尔归在怀疑主义名下的：对思想和判断全然不做任何决断、一种将一切都视为同等有效（没有差别）的哲学，在其中连错误和错觉也能和理性享受同等的权利。

否定的力量通过一系列不同的方式对抗这种断片式的诸神，这些形式包含在塞克斯都的皮浪主义的怀疑之中，在苦恼意识无根的不安宁之中，在那位因嘲笑旧的众神而被撕碎的卢奇安的意识之中。绝对精神对一切形式都漠不关心，因为它们仅仅是在绝对精神内被设定与被否定

1　Hegel, *Das Wesen des Geistes*, TWA Bd. 5, S. 375.
2　Hegel, *Phänomenologie des Geistes*, TWA Bd. 3, S. 535.
3　参见 Hegel, *Vorlesungen über die Geschichte der Philosophie*, TWA Bd. 20, S. 417。

的。因此绝对精神必须从诗歌中解放出来,因为它只能在纯粹的哲学的形式中才得到了自我表达和自身显明。[1] 诗歌创作和哲学思辨、艺术和哲学被严格地区分开来(尽管它们都是"绝对"自我展现的形式)。把真理置入美之中,固守在个别的、零散的主体性之中,就像从施莱格尔到海德格尔(Heidegger)的哲学中的一些概念所显示的那样,则会抹杀作为自由哲学的成熟实践哲学的存在,这个代价实在是太高了。"反讽的美学家,摆在他面前的是自己的空虚,他只能躲入到对新的联结的渴望中,或者屈从于新的奴役。"[2]

反讽作为"最高、最纯粹"的怀疑与阿格里帕的五个比方

对阿格里帕的五个比方以及施莱格尔哲学的核心论题的对比性考察,揭示了古代怀疑主义和浪漫派的反讽间的亲缘关系。通过运用皮浪主义的论据,所有的哲学学说都被当作各种独断论形式被加以否定了[3],从而确立了对两种对等结果都不做选择和决断的均势原则,借此,怀疑的基本缺陷就暴露出来了:它是一种教条,是二律背反的僵化,是对话的绝对化,是纯粹否定性的死板化。施莱格尔极有洞见地将怀疑主义描述为"在思想和判断中全然不做决断"[4],这用来评判他自己的哲学是完全合适的,这可真是对反讽的反讽。所有的真理都是相对的,绝对完全是

---

1 Hegel, *Das Wesen des Geistes*, TWA Bd. 5, S. 373.
2 O. Pöggeler, "Ist Schlegel Hegel?", a.a.O., S. 341.
3 施莱格尔遵循那种对源出于最高原则的哲学的批判,这一批判由尼特哈莫尔圈子发展出来。他所谈及的"对寻求根据的狂热"和莱茵霍尔德密切相关。F. Schlegel, *Athenäum*, a.a.O., S. 155 Nr. 660, 参见 M. Frank, "'Alle Wahrheit ist relativ, alles Wissen ist symbolisch', Motive der Grundsatz-Skepsis in der frühen Jenaer Romantik (1796)", In: *Revue Internationale de Philosophie*, 3/1996, S. 403—436。
4 F. Schlegel, *Propädeutik und Logik (Köln 1805—1806)*, FS XIII, S. 350.

不可认识的，这无疑也是同一种陈词滥调。[1] 听起来施莱格尔的理论也只是阿格里帕第三个比方的翻版。在施莱格尔耶拿时期的《关于先验哲学的讲座》(Vorlesungen über Transzendentalphilosophie) 中，这一困境被称为："所有真理都是相对的"这一原则本身也是相对的，"一切都是相对的"这个命题本身同样也是相对的。

这只是揭示出，施莱格尔避免一切相对主义的尝试反而落入到一种新的相对主义中。施莱格尔完全接受将"绝对"定位为一种"不落入相对关系中的太一"(ein nicht-relatives Eins)，但这显然无法经受怀疑主义的检验，因为它把思维排除在外。[2] 用康德的话说，我们尝试"把握"绝对（理念）的要求本身就是一种无礼的"僭越"。用诺瓦利斯的话说，同一性是某种"超越性"之物。对于思维而言，这种超越之物是绝对的彼岸，只能预想、渴慕并且只能直接地呈现，但这却不是去思维绝对者，这意味着这种直觉式的方式和绝对并没建立起关系。因而，这种臆想出来的无条件者，更确切地说完满者，它完全没有任何与它相对的东西。一种新的有限者和无限者之间的二分出现了，浪漫派的反讽深深地刻上了同一与非同一之间无法克服的差异。这个论点——大全作为一种流动的整体性必须作被接受为我们思想的范导性的理念——仅仅只是作为一个单纯的保障并且表现出自己是一个并不成功的尝试：它经不起怀疑的异议的检验。

自我创造和自我毁灭的永恒交替暗示了这种全新的美学上的相对主义：只有那些我中意的，才是现实有效的。在对绝对的追求中，有限的知性在趋近"绝对"的同时也不断地再生产着自身。但这也并未能有效地抵抗相对性比方的刁难。这一转化方式，确切地说转化根据最终的

---

1 F. Schlegel, *Vorlesungen über Transzendentalphilosophie (Jena 1800—1801)*, FS XII, 92; 亦参见 *Philosophische Fragmente 1796*, FS XVIII, S. 64, 511。

2 M. Frank, *Einführung in die frühromantische Äschetik*, a.a.O., S. 435.

问题是出在它是循环性的（第五个循环比方 [Diallele]），"如果靠不住的东西应当由靠不住的某对象来证明，那么这个靠不住的对象又需另一个靠不住的对象作为根据"[1]。施莱格尔指责在费希特那儿最终也"没有避开这种循环式的思维"[2]，并且他自己也落入到和费希特同样的问题中去了。他构建出的这种二元论的游戏最终也只是证明了自身不过是一个像秋千一般来回摆动的体系。为了规避这种思维上的循环，要将转换方式接纳为一个无根据的前提。这一转化规定的原理，正如诺瓦利斯所记录的，无非是一个"假设命题"[3]。其暗示了向怀疑主义的第四个论证的转向，它也很接近于"假设论证"：同一前提的两个对立面，可以借助同样的理由，不通过证实（没有根据）地被设定。如此以至于让人被迫去寻找第三个更为根本的根据，这样，就产生了无穷倒退的问题，而无穷倒退是无可避免的（第二个比方），"在无限接近那不可到达的无限者时，对开端的证明和解释只能发生在事后"[4]。但是，曼弗雷德·弗兰克也承认，我们自己要满足这一个假设（只能先去相信它），"我们努力去设定越多的关联，某种根据就越有可能存在，确切地说，我们只是在接近这样一种并未实现的真理"[5]。在对美的渴望之中，反思的无限性（Reflexionsunendlichkeit，坏的无限性）确实包含了这种无根据性，或者说，纯粹断言式地接受一种无法把握的根据。如黑格尔所言，塞克斯都使用的这些比方"在现代也经常出现"[6]。其以一种特殊的方式关涉到浪漫派无限趋近的运作（romantische Approximationsverfahren）。

通过揭示出二律背反，知性达到了其最高阶段，一切独断的哲学被

---

1 Sextus Empiricus, *Grundriß der pyrrhonischen Skepsis*, Einl, u. Übers. v. M. Hossenfelder, Frankfurt, 1968, S. 131.
2 F. Schlegel, *Philosophische Fragmente*, FS XVIII, S. 510 Nr. 58.
3 Novalis, *Philosophische Studien der Jahre 1795/96 (Fichte-Studien)*, NS II, S. 177, Nr. 1214.
4 M. Frank, *Wechselgrundsatz*, a.a.O., S. 38.
5 Ebd., S. 49.
6 Hegel, *Verhältnis des Skeptizismus zur Philosophie*, a.a.O., S. 244，着重号为引用者所加。

取消了其有效性。然而纯粹的差异始终保持着，漠不相关性和绝对的否定性也一直保持着，然而对矛盾和冲突的克服却被断然拒绝了。对这种不做决断的态度加以神化，确切地说是这种不做任何判断的特征将人们引向了异议比方（Diaphonie-Tropus），通过这种方式，不同的意见导致了放弃做出判断。持续不断的开放式的对话势必沦落到这样一种境地，作为思想检验的哲学论证需要悬置起来，一切都不会得到什么结果的。

这种肤浅的对对话的推崇其实重新退回到了绝对的独白的实际运用中，回到了一人独语式的言谈风格。[1] 这些天才们聚集在一起，他们都相信自己是受到了真实的启示，他们要在"沉默"中相互理解，而不是通过其他的说明方式。与一切形式做诗歌的游戏，这是根植于主体自己心愿的绝对有效性之中。就算心愿的不同表现形态起了变化，有限物也不会被宣布取消。纯粹的主体性是唯我论（Egoität）或者虚妄性（Eitelkeit），这揭示出主体性自身乃是反讽运作的基本特征。规定源自"对内容本身的渴求"（Durst nach Inhalt），其又重新落入到持续不断的虚无中，停留在各自的内在情绪中。这种对内在情绪（Stimmung）的顺从导向了一种在情绪上和生活方式上不断改变的多样性。克尔凯郭尔（Kierkegaard）在论及路德维希·蒂克（Ludwig Tieck）时指出："他一会儿很平静，一会儿去寻找，一会儿是个独断论者，一会儿是个怀疑主义者，一会儿是雅可比·波默（Jakob Böhme），一会儿是希腊人，不一而足，一切全是情绪。"[2] 浪漫派不再害怕自己为情绪所限定（be-stimmen，对德语"规定"的拆解），他们担心的是由于限制而玷污他们内心的庄严，污染他们内心的纯粹性。

恩斯特·贝勒在施莱格尔的反讽中预见了尼采的视角主义

---

1 参见 Hegel, Solgers nachgelassene Schriften, a.a.O., S. 268-271。
2 S. Kierkegaard, Über den Begriff der Ironie, In: Gesammelte Werke. 31. Abt., S. 291. 本书部分译文参照：克尔凯郭尔，《论反讽概念》，杨晨溪译，中国社会科学出版社，2005年。

（Perspektivismus）："定在"容许无限多的、自我更迭的排他性的视角。自由的人必须能按照自己的心愿，完全任意地做出决定。[1] 紧接着阿格里帕的第四个比方之后，作为多样性准则的视角主义的假设就能以相同的正当性去反对无视角主义的原则。黑格尔在较晚期的一处评论中，将事情引向了其中的关键并表明，他的批评并非无的放矢，而是戳中了浪漫派哲学的命门：

> 我，以我的教养有素的思想，是能够取消一切规定，取消公正、伦理、善等等的规定的；而且我知道，如果对于我来说，什么显得好，够得上好……我也能把它推翻。我完全知道，我就是这一切规定的主宰，承认它们的是我，推翻它们的也是我。一切东西，只有现在使我高兴的，对我才是真实的。[2]

人们在这一处对莎士比亚的影射中听到了梅菲斯特放肆的嘲笑声，在恶之中，梅菲斯特是唯一的原则，其将高扬的任性作为自己的内在本性。在纯粹的否定性和主体性中的这种固执己见包含了借助确信就一律为所有的内容都做辩护的意识。由于对个体性存在保持着确信，在这一信念的支撑下，这种固执己见对一切都采取了漠不相关的态度，其既不做判断也不去行动，这一主观的看法、个人的口味或者风格形成了能够被接受的唯一标准。这一作为任性的绝对的主体性（将自己与自由相提并论）应当不容置疑地变成哲学怀疑的地狱，毁灭有限物（否定性）的地狱。

浪漫派的反讽缺乏真正的怀疑，它恰恰不是对自我虚荣（Selbstgefällig）和独断论的克服，而是在更为持久的固执己见，持续不断的设定自身中

1　F. Schlegel, *Athenäum*, a.a.O., S. 154 Nr. 55.
2　Hegel, *Vorlesungen über die Geschichte der Philosophie*, TWA Bd. 18, S. 460.

的虚妄性，其在自身的不断升幂（Potenzierung）中招致了无根性、持续不断的摆荡、无聊和厌烦。反讽和均势原则的亲缘关系表现在二者都在纯粹的否定性中否定了一切从而终止了判断，这导致了只要出现在两种不同的情形，其就不做任何哲学的决断，其始终要在思想和判断中保持一种悬而未决的超然性。一盘精彩的棋局最终以难分胜负的和局告终。反讽招致了对自身的反讽，"一会儿是反讽之神，一会儿又是一粒微尘，它是世界反讽的傀儡。那自以为是的反讽者就陷入了世界反讽令人恐怖的规律之中，成了牛马不如的奴隶，受尽最为可怕的煎熬"[1]。在心愿那技艺精湛的游戏中，主观的念头和任性应当成为客体性，它发展为一种渴望和对现实的客体性的向往。作为无所不能的思维着的自我，其正面临着另一种极端的考验，在这种极端情形下，自由也不复存在，从而在更大的权威之前它不得不屈膝下跪。这一绝对的自我满足颠倒了自身，将自己托付给完全异己的规定性。路德维希·蒂克揭示出了个中奥秘，人们所能够达到最高者，是真实的怀疑，它是一种听天由命，"它只能向着无法测度的最高的、不可见的、强力的意愿无条件地去奉献"[2]。

皮浪主义和"纯粹机智的二律背反"

对这段历史的回顾，向我们展示出了一幅美学式怀疑主义的社会秩序图景，其与皮浪的典范形象有关。不管不同形态之间存在着多少或大或小的差异，这种在历史上引起轰动的所有的哲学美学化的尝试，最终都导向了"纯粹机智的二律背反"（Antinomic des reinen Witzes，让·保尔）：这整个谱系上至讽刺诗人蒂蒙和嘲讽者卢奇安，这两位古代的诗

1　S. Kierkegaard, *Über den Begriff der Ironie*, a.a.O., S. 291.
2　Ludwig Tieck, *Erinnerungen aus dem Leben des Dichters nach dessen mündlichen und schriftlichen Mitteilungen*, v. R. Köpke, Leipzig, 1855, II, S. 254.

人哲学家兼独断论的对手，经过蒙田，在近代（指中世纪文艺复兴之后）开创了文学的怀疑，期间还包括让·保尔[1]，弗里德里希·施莱格尔和拜伦爵士（Byron）[2]，下至尼采，在尼采的作品中表现出一种新的美学怀疑的类型。

因而其卷入到理论论证中，这种持续至今的皮浪主义在尼采的眼里是无非是传统哲学的同谋而已。必须战胜这种因皮浪主义式的意志薄弱（Willensschwäche）或者意志瘫痪（Willenslähmung）所导致的无所作为。[3]在皮浪看来，斯巴达式的教育要被彻底地改造为一种审美的生活方式，同时，要宣布这种生活方式为哲学的本然。[4]皮浪主义的生活类型对施莱格尔而言在哲学上丝毫没有什么分量，它只是对"健康知性的要求完全确信和对自然情感的追随"。这将会被完全接受为哲学性的观点，也会导向和初衷最矛盾的、最颠倒的结果。对浪漫派而言，怀疑主义是哲学的一种必要的条件和前期准备，但绝非哲学本身。[5]

1　关于让·保尔的美学怀疑，参见 W. Schmidt-Biggemann, *Maschine und Teufel. Jean Pauls Jugendsatiren nach ihrer Modellgeschichte*, Freiburg/München, 1975, S. 183-197 u. 274f.。在悖论中的对抗，在作为"毁灭中的或者无限的理念"的幽默的规定之中，施密特·比格曼看到了让·保尔的幽默是这种形而上学的等价物。同上，第275页。黑格尔将让·保尔描绘为"幽默的深度"（Hegel, *Vorlesungen über die Ästhetik*, TWA Bd.13, S. 382），但也批评他将这种独特的恶作剧作为绝对的否定性，这只带来了单纯的破坏而缺乏肯定性的东西。（Hegel, *Vorlesungen über die Ästhetik*, TWA Bd.14, S. 230.）

2　参见 T. A. Hoagwood, "Historicity and Skepticism in the Lake Geneva Summer", In: *The Byron Journal*, 19 (1991)。作者论证了拜伦和塞克斯都、蒙田的相关性。

3　参见 B. Hüppauf, "Literatur nach der Skepsis", In: *Cultura Tedesca* (9) Poeisa Simbolo Mito, Roma, 1988。作者以独创性的方法讨论了怀疑主义和文学间的关系，并且借此重点分析了尼采（第188—201页），"尼采和怀疑的关系是有内在矛盾性的，他和自己做思想斗争并同时这种斗争在他身上不断产生效果，尼采接受了这种有破坏性的刺激，机敏和不动心（怀疑主义中那种温柔、妩媚且使人安然入眠的罂粟）被抨击为整个欧洲的病症"（第195页及其后）。

4　按照胡奥普夫的看法，对文学形式而言，也与之密切相关。然而断片、随笔、格言、短诗，甚至包括戏剧和小说、反讽、讽刺、蒙太奇、借助引证形式和内容的陌生化戏剧都是传统的表现的媒介，借助将矛盾极端化完全超越了传统的表现媒介，文学变得荒诞不经，就像在贝克特、在尤内斯库那里一样，或在部分的达达主义处，导向了有挑衅性质的波普艺术、前卫艺术或装置艺术的无意义性。同上，第206页。

5　F. Schlegel, *Athenäum*, a.a.O., S. 348, 350.

兰贝特·维辛（Lambert Wiesing）在其研究《风格代真理》(Stil statt Wahrheit)中强调除了这种达达主义（Dadaismus）的怀疑和皮浪主义在结构上广泛表现出的亲缘关系之外，还重点指出了二者之间重大的区别。达达主义"坚持这种理论上怀疑的尝试，意图通过理论论证的方式将人类从独断论的强制中解放出来，但却失败了。因此，达达主义发展出一种审美的形式，为了赋予任何怀疑中的一个以新的力量，从而成为反对独断论的基本依靠"[1]。这样一种"怀疑媒介的转换"在库尔特·施维特斯（Kurt Schwitters）和其他达达主义者那里被描绘出来，这种审美的生活形式取代了哲学的讨论。"达达主义者在原则上就拒绝了以真实和错误的理论来处理问题。"[2]而只打算问，意愿和拒绝是完全反理论的吗？（这应当是完全正确的，结果就是向着信仰的飞跃，达至信仰或者飞跃至审美的灵光乍现）并且也还会问，一旦人们还有所凭借，不能将"拒绝"的态度贯彻到底，那是不是意味着他会无意地、再一次间接地依赖于理论论证，从而又落入到"以往的理论游戏"之中？对怀疑的"理论"领域彻底告别的尝试显示出要努力做到这件事并不那么轻松。在施维特斯那里，这种审美的生活方式的合法性应当借助这一思想风格达成：理论自身便是一件艺术品，其"展现"这样的内容，也即解释和指明。但这种审美的生活形式在最近被论证性-怀疑性的检验剥夺了，这种臆断的、新的怀疑彻底泄露了皮浪主义的基本特征（有别于卢奇安或者施莱格尔），即对这种均势原则的洞察。[3]

---

1 Lambert Wiesing, Stilstatt Wahrheit. *Kurt Schwitters und Ludwig Wittgenstein über ästhetische Lebensformen*, München, 1991, S. 12-13. 不止这个标题，而且一些章节的小标题也是纲领性的，诸如"解构作品概念"、"取代真理性"。
2 同上，第78页。
3 尽管施莱格尔并不为哲学的哲学化做辩解，取而代之以反对哲学仅仅作为判断，并且同时到处暗示这种解决方案，因此，黑格尔明确地用"洞察力"来评价施莱格尔。（参见 Hegel, *Sogler-Rezension*, a.a.O., S. 233ff.）作为思辨的元素的否定性处在反讽的一个面向中。同上，第254页。

毫无疑问，哲学的文本中有美学的部分，艺术作品里也包含着哲学的维度，一种诗化哲学或者一种哲学性的诗，既是哲学，也完全应当是艺术，这些主张却要面对和布里丹之驴（Buridans Esel）类似的困境。只要论证纲领确立自身，这一均势原则的质疑马上就会产生致命的影响，只要人们宣告审美是"神性的启示"，摆出"诗人的绝对的任意性"，那么马上就背离了哲学的领域和怀疑，因此均势原则的思想处在怀疑的核心区域。这一操作方案，被理解为哲学的范式转化[1]，在结构上与雅可比的向着信仰的飞跃类似，是一种进入审美启示的绝对主观性的起源。[2]

黑格尔把这种单纯的消遣的"游戏"和思维艰苦的劳作进行了比对。[3] 在哲学的思辨中，一种"艰苦的、肯定的、范畴式的创造"是关键，这是区别思维和轻松惬意的灵感迸发、没有约束的任意游戏的唯一标准。[4] 在后期对怀疑的孪生姐妹反讽的批评中，黑格尔评价它是对"一切形式不严肃的游戏"。这位柏林大学的教授将施莱格尔的反讽视为一种"自我意识在客体性方面的挫败"[5]，达达主义的口号听起来是如此的类似，"我讨厌那种肥腻的客体性"[6]。在这种反讽式的怀疑中，诚如黑格尔所言，"极佳地展现出这种材料方面内在的真理性的缺失"。"美学家用

---

1 对维特根斯坦和施维特斯（Schwitters）而言，这一哲学向美学的转向在真理性的追寻的方法论上没有什么改变，而是在哲学性的理解上自身有了改变，这一目标同时是一种哲学，也是艺术自身。（Lambert Wiesing, *Stil statt Wahrheit*, a.a.O., S. 10.）

2 由怀疑而出无可避免地通往信仰，尤其是只有一跃才能跳过深渊。约瑟夫·洛特和阿尔弗雷德·德布林（Alfred Döblin）的作品都是以怀疑主义者的这一跃而出类拔萃的。在德布林的小说《柏林亚历山大广场》（*Berlin Alexanderplatz*）里，发生了通过开显，突然地跃入无拘无束的知识。（Hüppauf, *Literatur nach der Skepsis*, S. 182, 206）怀疑和一种无可企及的绝对有联系，任何的检验都迅速地被剥夺。

3 施维特斯试图将这种思维艰苦的劳作和单纯的消遣的游戏进行比对。

4 Hegel, *Differenz des Fichteschen und Schellingschen Systems der Philosophie*, TWA Bd.2, S. 112; F. Schegels, *Athenäum*, a.a.O., S. 128, 107.

5 Hegel, *Solgers nachgelassene Schriften und Briefwechsel*, TWA Bd.11, S. 233.

6 T. Tzara, *Manifest Dada*, 转引自 Lambert Wiesing, *Stil statt Wahrheit*, a.a.O, S. 78。

口号取代了论证的位置。"[1]这一纯粹的特殊的肯定借助于风格取代了论证的位置。在对维特根斯坦的暗示中，维辛提醒人们注意到唯美主义的危险：没有限制的游戏性有发展为完全的任性，成为专横和恐怖的危险。[2]后者即降低为审美生活方式的哲学，与"城邦生活"漠不相关，在其他情况下，两种态度也是相互矛盾的。唯美主义的阿喀琉斯之踵——对哲学和艺术之间的差异的消解———如对艺术和生活之间的差异的消解，完全一目了然了。

创造性和无聊

通过研究施莱格尔和黑格尔对柏拉图哲学的诠释，以及二人对费希特哲学的不同解读，加上分析施莱格尔和黑格尔各自对怀疑论的所做的解释，都很好地证明了这一论题：二者在思想上存在着令人惊异的亲缘关系。对两个人的思想规划而言，其中隐含着的怀疑主义都是有着决定意义的，无论是在浪漫派的反讽中呈现为自我毁灭，抑或是在绝对观念论中充当否定的理性。但同时反讽和绝对思辨之间原则上的差异也变得一目了然了。皮浪的均势原则和施莱格尔的反讽表明其自身在哲学上不分胜负，早期浪漫派乃是一种永远不做决断的美学版本而已。浪漫派的交互原则明显地打上了均势原则的烙印，这种原则固定在两种具有同等合理性的命题上，并且一直"停留"在这一情境之中。这种持续不断的摆荡是一种"动态化的二律背反"，但在根本原则上，它并没有改变二律背反所面临的困境。由是，教条性的怀疑病毒被带进来了（通过思维绝不可能认识绝对），这成了这种绝对的怀疑的独断信条。黑格尔指出，这种对绝对的无限接近的努力有一种毁灭自身的要求，即它提出与绝对

---

1 Lambert Wiesing, *Stil statt Wahrheit*, a.a.O, S. 135.
2 Ebd., S. 13f. u. das Kapitel "Stil und Wahrheit", S. 129–136.

相结合的要求，但这个要求却不应当实现。这个进程与为人们所熟知的《等待戈多》(En attendant Godot)很类似，戈多其实根本不会来。尼采让怀疑主义者大声宣告反对他的对手："噢，你们这些鬼东西，你们怎么不能再继续等一等了？不确定之物也有其无穷的魅力，斯芬克斯也就是喀耳刻(Circe)，喀耳刻曾是一位哲学家。"他以此大肆嘲笑这种对绝对永恒的等待，对无限不断趋近，但又最终从来不去实现的故作姿态。[1]这种反讽者不知疲倦的追寻和渴望的机敏性和一场没有任何结果的谈话类似，其导向了无聊和厌恶，导致了交流上的混乱。[2]

　　早期浪漫派的精神形成了两个极端面向：一方面是生机勃勃、富于批判精神的创造性，另一方面则是懒洋洋而让人哈欠不断的无聊。黑格尔将很多不同的特性，诸如无聊、单调性和腻烦性(Tadiosität)等等都归纳为无限进展这一思想的核心。"有限性的无限"导致了无聊性，"界限被持续不断地设定且不断地被扬弃，借此人们只是停滞不前"[3]。言语来自"重复的无聊""单调的交替"和"自身重复着的千篇一律性"。一个界限消灭了，又起来，又消灭，相互不断生灭，"有的只是无限物想要主宰有限物而又不能主宰有限的那种软弱无力之感"[4]。在另一方面，浪漫派的诗学被打上了想象的自由自在的印记与幻想和想象力的游戏的烙

---

[1] Friedrich Nietzsche, *Jenseits von Gut und Böse*, In: *Werke in drei Bänden*, Bd. 2, S. 670.
[2] 沃尔夫冈·韦尔施在他对罗蒂的批评中用了这种恰如其分的言谈风格，罗蒂对反讽概念的理解总是局限在施莱格尔的思想里。罗蒂的反讽概念，是在对话中纯然的运作不息，这确实是最为安全的方法，并不是使某物在对话中保持流转不息，而是将其带向寂灭……这种对话文化最终落入到喋喋不休中。这一谈话消耗在一种单纯的任意性的氛围里，并不能起到培养见识、加深理解的效果，而是成为废话连篇的空话，这套空话在温和的耳语中逐渐增长，为了最终在和平的谈话式的潺潺流动中枯竭。(参见 W. Welsch, *Vernunft. Die zeitgenössische Vernunftkritik und das Konzept der transversalen Vernunft*, Frankfurt a. M., 1996, 220–223.)
[3] Hegel, *Differenz des Fichteschen und Schellingschen Systems der Philosophie*, TWA Bd. 2, S. 67；或参见 Hegel, *Enzyklopädie*, TWA Bd. 10, S. 220。
[4] 参见 Hegel, *Wissenschaft der Logik*, TWA Bd. 5, S. 265, 168, 155。

印。但这种有限物和无限物的互相对抗、交替设定通过哲学的美学化并没有被扬弃，而是得到了缓解（保持在美之中）；这种哲学和诗歌之间类属上的差异暂时中止了。

我们在蒂蒙的讽刺短诗和卢奇安的短篇小说中已经了解了怀疑和诗歌结合在古代的典范形态。蒂蒙的《讽刺诗集》(*Schielenden Verse*) 是其存世的三部著作之一，在其中他自己作为一个怀疑主义者，以戏仿的形式对所有独断论者评头论足和大肆嘲笑。[1] 这位讽刺诗人（蒂蒙）和诗人（卢奇安）是敏锐的思想家，也是嘲讽者，还是浪漫主义反讽的先驱，反讽恰如怀疑，在批判中、在颠覆性中、在毁灭中的戏仿和讽刺作品有着自身的深刻性。反讽是一种最高的、纯粹的怀疑。[2]

与古代的怀疑类似，浪漫派的反讽缺乏"肯定的一面"，缺乏一种独特的思想建筑术的建构，一种伦理学，一种法哲学和国家哲学。最后，在皮埃尔·培尔的惊呼"肯定的东西在哪里，卢奇安先生?"之中，也可以这样询问浪漫派的成员们："肯定的东西在哪里，施莱格尔先生?"在一种相对主义的唯美主义之上，或者是视角主义之上，没有任何的自由的现代哲学能被建立起来。今日，这种不受拘束的任意性已经开始沾沾自喜，但它在根本上无法保证那些被允诺的多样性，也根本无法成为自由和宽容的守卫者。相反，其证明自身是相对性的专断，其设定的诸如自由和人权等原则必然导向自己的喜好和倾向。一切关系到立法的行动只是出自每一个主观的意图，对个别的确信或者特殊的风格和口味，而关乎到人与非人之间的差异的准则却因此而荡然无存了。这些快乐的怀疑主义的主角们意指"普遍性的恐怖"，通过把自己的生活

---

[1] DL IX 108–112. 参见 F. Declava Caizzi, *Timmoni e i filosofi*: *Protagora (fr. 5 Diels)*, *In*: *Cahiers de la Revue Théologie et de Philosophie*, 15 (1990), 41–53; F. Ricken, *Antike Skeptiker*, München, 1994, S. 18–28。

[2] F. Schlegel, *Philosophische Lehrjahre*, FS XVIII, S. 406, Nr. 123.

方式确定为不受拘束的，绝对有效的，从而将其设定为唯一的，但却又是极其糟糕的例外，碾碎了论辩的力量并且消解了一切约束性。

（徐贤樑　译）

第六篇

探险之旅和幽默小说
——黑格尔和劳伦斯·斯特恩

沃尔特·项狄（Walter Shandy）有成千微小的滑稽可笑的、表示怀疑的见解要护卫。

劳伦斯·斯特恩（Laurence Sterne）

约里克-斯特恩是迄今在文学上产生过影响的那种最优秀的精神典型。无论谁读了他的作品都会顿觉自己超脱了世间琐碎的烦恼，达到了自由和美。他的幽默是无法模仿的，再说并不是每一种幽默都会让灵魂变得平静淡泊。

约翰·沃尔夫冈·歌德

幽默与特里斯舛·项狄（Tristram Shandy）须臾不离，无时无刻不发挥着影响。当死神来敲门之际，他笑着命令死神下次再来，因为死神弄错地址了，确切地说，他使用这样一种如此"漫不经心、对一切漠不关心的轻松愉快语调"，死神反倒怀疑起自己的使命来，并离开了项狄家。如此一种对一切漠不关心的态度与皮浪的"不动心"完全一样。但是在经历了这次死神的拜访之后，诚如项狄所言，照这样下去，就没法活了,因为这婊子养的已经发现了他的住处。[1] 斯特恩赞美幽默,幽默本身就表现了对死神的怀疑。由斯特恩所开创的这种幽默的文风为许多极为出色的人物热情洋溢地推崇,这些人物有让·保尔、歌德、黑格尔以及尼采。

选择黑格尔和斯特恩论"超幽默"(Überhumor,最高的幽默)这个主题显然乍看起来非常令人惊讶。通过对黑格尔哲学和美学全面且透彻地研究,我们不难发现,这个论题依然没有得到任何专门的研究,毋宁说,这后一个情况更使人吃惊。[2] 黑格尔将诙谐和幽默解释为诗歌-文学的怀疑主义,这一基本解释框架是之后所有思考的核心,黑格尔的阐释揭示出幽默中所包含的怀疑的潜力,正如怀疑主义的洞察力(Scharfsinn)和这种"欢乐的无忧无虑"(heiter Leichtsinn)有着显著的亲缘关系。[3] 对此,黑格尔将这种由斯特恩奠定的新的小说表现形式理解为现代艺术的范式,这一理解无疑是根本性的。让·保尔在《美学入门》(Vorschule der Ästhetik)中将幽默视为浪漫主义的诙谐,黑格尔也紧随其后,将幽默称为现代性的诙谐、现代艺术的顶峰和终点。[4]

在此要简单地介绍一下几处相关的基础性文本,首先是黑格尔对斯特恩两处直接的评论;其次是在《美学讲演录》中出现的一些间接的但却与之相关的陈述,这些陈述是关于现代小说以及关于幽默和奇思怪想的。在那几处评论中,黑格尔对让·保尔和歌德的思考也同样非常

1　Laurence Sterne, *Tristram Shandy* (Aus dem Englischen von Rudolf Kassner), Zürich, 1982, S. 560. 本书部分译文参照:劳伦斯·斯特恩,《项狄传》,蒲隆译,译林出版社,2006年。

2　关于幽默的问题,可参见 Manfred Geier, *Worüber kluge Menschen lachen. Kleine Philosophie des Humors*, Reinbek bei Hamburg 2006; Jan Bremmer u. Herman Roodenbrug (Hrsg.), *Kulturgeschichte des Humors*, Darmstadt, 1999。

3　参见 Klaus Vieweg, *Heiterer Leichtsinn und fröhlicher Scharfsinn-Zu Hegels Verständnis von Komik und Humor als Formen ästhetischer Skepsis*, In: Annemarie Gethmann-Siefert (Hrsg.), *Die geschichtliche Bedeutung der Kunst und die Bestimmung der Künste*, München, 2005。

4　Hegel, *Vorlesungen über die Ästhetik*, TWA Bd. 14, S. 231.

重要；第三则是黑格尔的另一些评论，尽管不是针对斯特恩本人，但却指向他的两个最重要的后继者，让·保尔，尤其是希佩尔。希佩尔的小说《攀升的人生历程》乃是第一部真正的具有现代特征的德国幽默小说（沿着斯特恩开创的风格），同时也是黑格尔最喜欢的一本书，他也非常了解德国的斯特恩传统；第四，黑格尔在耶拿时期最重要的作品《精神现象学》同样起到了极其关键的作用，《精神现象学》是黑格尔将现代的主体性从表象形式转换为概念形式的第一次尝试，同时也是将怀疑主义的和幽默的隐喻性表达转化为"自身实现着的怀疑主义"，这也构成了对《精神现象学》进行一种恰当的阐释的重中之重。

现代性中的幽默

首先，只在两处文本中黑格尔明确提到了斯特恩，这几乎是定论。这两处文本均处在这样的语境中，真正的幽默是浪漫型艺术的解体，在这里涉及了艺术终结的论题，确切地说，具体是在处理从表象的形式向着概念的形式转化的地方。在《美学讲演录》中，黑格尔认为，斯特恩和希佩尔代表了真正的幽默。幽默要求："要有深刻而丰富的精神基础，使它把显得只是主观的东西提高到具有表现实在事物的能力，纵使是主观的偶然的幻想也显示出实体性的意蕴。"[1] 黑格尔将这种欢乐爽朗的、对一切漠不关心的态度描绘为一种"完全无拘无束的信步漫游"，而歌德则将之称为一种"不被打扰的远行"[2]。这种向着远方的漫游让人直接想到了斯特恩提到的在路上的闲逛（to trifle upon the road），用德语来表达这层意思就是消磨时间（tändeln）或者是在路上停停玩玩（verweilen und spielen am Wege）。但这种于表面上的无足轻重的东西之中，正如黑格

---

1 Hegel, *Vorlesungen über die Ästhetik*, TWA Bd. 14, S. 231, 着重号为本文作者所加。
2 Goethe, *Lorenz Sterne*, In: *Werke, Berliner Ausgabe*, Bd. 18, Berlin, 1972, S. 351.

尔所言,"看出深刻的最高概念","就连信手拈来,没有秩序的零零散散的东西也毕竟具有深刻的内在联系,且在分离之中也像这样放出精神的火花"。[1] 至此,人们来到了浪漫型艺术的终点,来到了新时代艺术的临界点——真正的现代艺术。幽默作为艺术家的自画像,作为现代主体性的韵文样式,它消解了艺术作品的客体性因素,通向了纯粹的形式主义,代表着浪漫型艺术的解体。如黑格尔所言:"以约里克牧师为主角的《多情客游记》和斯特恩的《项狄传》乃是最佳的幽默作品。"[2]

这里涉及斯特恩这么几部世界知名的小说:

(1)《多情客游记》(约里克牧师在法国和意大利的感伤的旅行[*A Sentimental Journey through France and Italy by Mr. Yorick*],第一版出版于 1768 年),而 1769 年的译本取了这样一个富有启发性的书名:《约里克先生,特里斯舛·项狄生平见解的叙述人,对人类本性的实验,他在法国和意大利的旅行》(*Versuch über die menschliche Natur in Herrn Yoricks, Verfasser des Tristram Shandy, Reisen durch Frankreich und Italien*)。

(2)《绅士特里斯舛·项狄的生平与见解(1759-1767)》(*The Life and Opinions of Tristram Shandy, Gentleman*,1759-1767)

当黑格尔论及浪漫型艺术的解体或浪漫型艺术的终点——即艺术处在边缘——"艺术终结"这一原理的一个根本的维度得到了阐明,即从诗歌向哲学的过渡是内在于体系的,而文学想象向概念式思维的过渡亦是如此。这一过渡点是通过幽默的文学作品、通过幽默诙谐达到的,其横跨美的世界和概念世界的边境,是贯通两种文类、两种言说方式的桥梁。按照黑格尔的看法,美在过去的时代中是精神的最高点,而现在我

---

[1] Hegel, *Vorlesungen über die Ästhetik*, TWA Bd. 14, S. 231.
[2] Hegel, *Vorlesung über Ästhetik. Berlin 1820/21 (Nachschrift Ascheberg)*, Hrsg. v. Helmut Schneider, Frankfurt a. M., 1995, S. 180.(以下引用时只注明 Ascheberg。)

们已经离开这个领域了。浪漫型艺术是"艺术超越自身，然而它又保持自身在这个领域中，仍然在艺术的形式本身之中"[1]。作为内在性的主体性战胜了对象性，超越了感性的外观。在黑格尔看来，就语言和书写层面而言，诗歌乃是"最为普遍和最富有精神性"的艺术，"可以用一切艺术类型去表现一切可以纳入幻想的内容。本来诗所特有的材料就是幻想本身，而幻想是一切艺术类型和艺术部门的共同基础"[2]。借助语言文学的形式，我们达到了以否定性的方式对待感性要素的极限。一旦当艺术开始与自身的原则不再相符之时，精神的内在性和其外在的形式的紧密联系在这一维度中被瓦解了。诗歌是精神的普遍艺术，这种精神是本身已得到自由的，不受表现用的外在感性材料束缚的，只在思想和情感的内在空间与内在时间里逍遥游荡。但是到了这个最高的阶段，"艺术又超越了自己，因为它放弃了精神借感性因素而实现的和谐，由表现想象的诗歌变成表现思想的散文了"[3]。在《精神现象学》、在《美学讲演录》、在"主观精神哲学"的部分（Philosophie des Subjektiven Geistes）中，黑格尔已经尝试深入思考在传统上文学和哲学之间的差异，并试图努力超出二者之间严格的界限，这也正是德里达今日所呼吁的。这里也就只能简单地澄清这一根本问题的一个小的方面。这两种不同的文类都绝不仅仅只是单纯的形式，因而言语本身既是隐喻性的也是概念性的。两种表达方式发展成为了一种同时兼有两者优势的统一体。按照黑格尔的说法，两种形态的"中间形式"落在过渡过程中，它在很大程度上可以代表过渡的桥梁。存在着两类不断在不同领域边界上游走的人，即思想家和诗人，"思想家以诗歌-艺术的方式进行哲学思考并不断打破这个界限"，

1　Hegel, *Vorlesungen über die Ästhetik*, TWA Bd. 13, S. 113.
2　Ebd., S.122-124; Hegel, *Vorlesungen über die Ästhetik*, TWA Bd. 15, S. 223.
3　Hegel, *Vorlesungen über die Ästhetik*, TWA Bd. 13, S. 123.

诗人则踏上与之相反的道路[1]，比如让·保尔和他的小说《费希特主义者克拉维斯》(*Clavis Fichtiana*)，此文在他的小说《提坦巨神》(*Titan*)中以增补的形式出现。

而在怀疑主义的传统中，对思辨-对话的怀疑主义和文学-诗歌的怀疑主义之间的互补而言，蒂蒙以及两位古罗马晚期的怀疑主义先驱塞克斯都和卢奇安（琉善）都是极好的榜样。在蒂蒙的短诗，这种哲学化的讽刺诗之中，他证明了自己是一个思想敏锐的哲学家，同时也是言辞尖刻的讽刺者。黑格尔认为，就结合洞察力和无忧无虑与结合怀疑的世界和讽刺的世界这两方面而言，塞克斯都和卢奇安都是典范性先例。斯特恩和黑格尔均交口称赞卢奇安，卢奇安也以阿里斯托芬的风趣和言谈艺术写作希腊式喜剧，并给自己抛出这样的问题：将两种彼此陌生的文类，诸如哲学对话和喜剧熔为一炉，铸造成一种新的形式，这样做是否还是不够激进？对这种有渎神性质的结合而言，他一定已经预料到宙斯对他的惩罚。不论卢奇安所创作的充满欢笑的讽刺小品和皮浪主义的比方，这二者都不全然是纯粹文学或者哲学的形式。卢奇安的小说描绘了意识之旅，期间充满了幻想色彩，其中包含了哲学论证，而皮浪主义的"比方"与"生动呈现"在传统上也属于修辞学的技艺，从而与文学世界有着紧密的联系。这两种情况其实都涉及论辩和叙述的混合形式，涉及"理论诗"。在这个意义上，蒙田也可以归入到已经开始将诗歌艺术哲学化的艺术家之列[2]，作为一个皮浪主义者，蒙田也属于同时在论证和叙述两方面都极其出众的代表人物，因为他的散文引人入胜并富于教育意义，那是一种从人的经验得出来的"人生哲学"，他的主要成就和贡献就在于：人对于有关自己的事物、对于人的经验、人的意识等等发生了兴趣，对自己有了信心，这种信心对于人是有

---

[1] Ascheberg, S. 303.
[2] Ebd., S. 300.

价值的。[1]

在项狄厅中传来的怀疑主义的笑声
——主体性的隐喻性表达

　　读到《项狄传》的第三卷第 20 章之后，我们方才看到作者的前言，在这个前言中，风趣-机智（Witz）和判断（Urteil）之间的关系被以专题化的方式加以论述。斯特恩指出，全书旨在对一切风趣和一切判断力加以融合，并且他明确地反对这样一种观点。洛克（John Locke）是持这种观点的代表人物，洛克强调了风趣和判断从来不会合为一体，二者只是全然不发生关系地一同工作。而斯特恩却将这两种能力和他现在坐着的椅子靠背上的两个钉子头相提并论，而这两个钉子头也无疑是天造地设、相辅相成的。轻盈迅捷的步伐和迟滞的反思，正如风趣和判断那样，有着自己独有的、既和谐一致但又互不相容的节奏。骑在他的瘦马上，他可以把一切联合起来，让一切对立面相互和解。[2] 在两方面的对比中，风趣的代言人象征着彼此间嬉笑怒骂的抗辩、混沌和冲突与反冲突之间的多样化；而判断的支持者则代表着秩序、和解与统一。

　　经过这一对比，风趣的妙处就完全呈现在净化的意图中，它"使理解（知性）保持清晰，以便从中剔除任何不透明物质的碎屑，如果让这些东西浮游在里面，则会妨害理解，贻害全局"。如今这两个相互配合的钉子头被看作高踞整个檐部顶端的人类的心智的顶饰，它们是最不可获取的，是最受人珍视的，如果没有，则是最大的灾难，因而也是最难得到的，一个身上有多少道理和匀称，另一个身上也有多少。人们将其

1　Hegel, *Vorlesungen über die Geschichte der Philosophie*, TWA Bd. 20, S. 48.
2　Laurence Sterne, *Tristram Shandy*, a.a.O., S. 26, 235, 244.

中一个夺走，就使得这个整体看起来就像"一头猪只有一只耳朵"[1]。假如项狄能像桑丘·潘沙（Sancho Panza）那样能去选择一个自己的王国，那么按照特里斯舛看来，这个王国应该有着开怀大笑的臣民，那么他自然就是最幸福的君主，而他们就是最幸福的人民了。[2] 这无疑是"所有时代中最自由的作家"，如尼采所言，深沉和荒诞天才般地缠绕在一起。在故事中，在他的叙述离题万里的同时，我们见到了真诚和玩笑，斯特恩的格言警句同时包含着对所有具有格言警句性质的叙述的反讽。[3]

除了提到文学和哲学间的过渡、中间状态、居中或者混合类型，黑格尔同时还坚持诗歌和哲学间明显的差异，二者是精神不同的显现方式，是精神自我确证的不同方式：前者是隐喻式的自我关系，而后者则是思维着的自我关系。他深入思考了表象形式和概念形式之间的差异，并以此作为诗歌和哲学之间差异的根基。[4]

黑格尔将"诙谐"（das Komische）定义为理念和其外在形态在自身扬弃的形式中达到的相互统一。精神使自身以一种否定性的形式起作用，对它而言，没有什么是普遍的，一切无非是有限性的整体（或整体的有限性），一切都只是作为自在的虚无而被扬弃。唯有主体性在消解中保持着自身的确定性，它坚持着自身确定性，故而能够承受对自身的目的和自己的实现的否定。在阿里斯托芬和卢奇安那里，这种主体性的起源同时也就表征着作为美的世界的古代希腊-罗马世界的没落。它是艺术终结的原则，也是新世界诞生的原则，这个新世界便是自由的主体性的世界。[5] 在艺术中，无限的普遍性被带入到感性的具体形式中，并得到了充分的表达。在古代世界的古典型艺术中，我们已经发现思维以完

---

1 Laurence Sterne, *Tristram Shandy*, a.a.O., S. 244-245.
2 Ebd., S. 399.
3 Friedrich Nietzsche, *Menschliches, Allzumenschliches, II*, KSA 2, S. 424-426.
4 Laurence Sterne, *Tristam Shandy*, a.a.O., S. 560.
5 Hegel, *Vorlesungen über die Ästhetik*, TWA Bd. 13, S. 231.

整的内在意象（Ineinsbildung）的形式与感性存在达到了高度和谐一致。但在这种天衣无缝的融合中，精神自身的行动并没有以其最合适的表现形式，即以概念的方式真实地被表达出来。出于这个原因，浪漫型艺术便再次扬弃了古典型艺术中那种未分化的统一性，因为它已经赢得了新的内容，即自由的主体性，从而超越了古典型艺术，并且完成了摆脱这种和谐一致的表达模式。按这个标准来看，在现代艺术中，阿里斯托芬-卢奇安的精神气质再次复活了，而黑格尔将这种含义和形式之间的不协调明确地归纳为"通过更令人着迷的丰富性和幽默的内在性"，而这成了当今世界中现代诙谐的根本特征。现代艺术的风格打上了大量并优先运用隐喻的表达方式的烙印。诙谐、隐喻、风趣、反讽、幽默和象征的手法在特定程度上都是浪漫型艺术自我表达的典型方式，恰恰是在不和谐一致和漠不相关的形式之中，理念及其表现得到了统一。这种非本质的表达方式，如莎士比亚和让·保尔惯用的华丽辞藻对现代艺术而言都是非常合适的[1]，对浪漫型的（现代）艺术而言，隐喻是典型的表达形式。

正如在所有诗歌艺术的要素之中，表象的本性最受重视[2]，黑格尔认真思考了隐喻、图像和比喻，在其中，隐喻和风趣这两种风格最值得注意，二者的力量及界限都得到了深入研究。表象处在直观和概念间的居中状态，其被规定为对思维的隐喻或图示化（Veranschaulicht），隐喻使得意义具有与之相似的、呈现于外部的形式，从而可以被直观获得。所呈现出来的只有图像而已，图像的本质性含义已经被外在呈现所掩盖，而这种图示化的感性外观也只不得不借助语境表达自身的意义。隐喻性表达所独具的力量借助于感性的扩张而得到了增强，也在可能出现的图像的多样性之中得到了表达。在此基础上，便可自由地进行想象，不

1　Hegel, *Vorlesungen über die Ästhetik*, TWA Bd. 13, S. 523.
2　Ebd., S.516-539; Ascheberg, S. 302ff.

受拘束地追求幻想。与之相对，无法在图像中呈现出来的含义则要求重新表达或者换一种方式表达，以这种转换的方式出现在与之相关的图像中。但这样一来，本质性的思维就不得不下降为一种非本质的表达方式。

风趣作为一种联结性的想象力，它广泛地聚拢了原本没有关联的诸多表象，并将其联系起来：由此，它就在意象与意象之间建立起了相互关联，从而将之提升为普遍的表象。在此意义上，风趣代表了浪漫型艺术本身，它恰好充分体现了在不和谐一致和漠不相关的形式之中，理念与其表现的相互统一。真正的风趣是一种富于天才智慧的联结，它参照着诸多陌生的表象并使理念的外在形象与之达到一种从未预料到的一致。[1] 风趣代表了这种内在矛盾、非和谐、非一致，它将不可比较的进行比较，将无法联系起来的联系起来。

在《纽伦堡逻辑学讲稿》(Nürnberger Logik) 中，黑格尔将这种天赋视为一种判断形式，一种理性的等价物和相似物，它表达了一种规定或一种关系，这种规定或者关系之中，它对抗它自己的直接表象或者干脆在自身之中自相矛盾。黑格尔很明确地将风趣与洞察力相互对照，洞察力来自判断的特性，并通过反思把握到更为精细或更深刻的关联与差异。[2] 风趣揭示出不同表象之间的相似性，诚如让·保尔在他的小说《魔鬼文件选读》(Teufelspapieren) 所言，这种相似性恰恰是洞察力早已探明清楚的。[3] 基于这种表面上看起来不可比较的表象之间的联结，而这种联结确实达到了未曾预料到的和谐一致，这在诙谐幽默产生的笑点之中充分表现出来，这使得直接的个别性回到了普遍性中。让·保尔写出了与斯特恩-希佩尔相类似的文风："如果人们强迫精神进入特殊性，甚至

---

[1] Hegel, *Philosophische Enzyklopädie für die Oberklasse*, TWA Bd. 4, S. 55.
[2] Ebd.
[3] Jean Paul 原文引自 Kurt Wölfel, *Jean-Paul-Studien*, Frankfurt, 1989, S. 275。

是个别性之中，而不是去直观普遍性，那精神将恢复自身。"[1] 源出于独创性和天才般的生产性想象力和诗意的想象力将自己和洞察力相区分，这种洞察力是借助反思才找到了更深的和更精微的关联和区分。

在浪漫型艺术中，就浪漫主义的内在性而言，任何表现形态都成了漫无差别的外在性。表象与表象之间自由的联结引领着想象去进行一场冒险。在幽默中，主体已经变得自由，这表现在其内在的偶然性之中。在表面看来差异最大的东西里面，其实蕴藏着处在流动中的密切关系，最为不相干的两端被结合了起来。借此，幽默的交错纵横使得任何形式与任何材料相互疏离、相互颠倒，甚至相互毁灭。这就会在行动和事迹乃至在结果上都显示出一种自己瓦解自己的因而是喜剧性的事件和命运的世界。[2] 有别于古代的叙事诗对民族和共同体的直接接受（在这种单纯的接受之中，人的主体性并没有展现出来），而是"持续地吟咏自身"，这表现的是现代幽默小说对个体性充分的接纳，是诗意自我的奥德赛般的还乡之旅。然而，其中也出现了隐喻性表达的界限和疑难：众多表象的形式以一种漠不相关的并列方式紧挨着，它们通过语境得到揭示，但不论如何，它们就自身而言都没有达到思想的要求或者以思维的方式呈现出来，因为它们本身具有双重含义甚至干脆就是多义的。这种不确定性会错误地导向一种持续不断的跳跃，一种对新的、令人惊异的图像不停歇地追寻，这样一种内在的平静反而骤变成永恒的骚动。斯特恩将此称之为"松鼠的灵魂"（Eichhorn-Seele），即从一个枝头跳到另一个枝头，而没有片刻的安宁。这是将一切异乎寻常的联想熔化于其中的持续不断的火焰，不曾间断地离题万里，这一切都将导致疲劳和厌倦，最终来到独创性的反面，产生出无聊。

幽默作为对主体性的隐喻性表达的最高形式，也是以表象的方式呈

1　Jean Paul, *Vorschule der Ästhetik*, a.a.O., S. 143.
2　Hegel, *Vorlesungen über die Ästhetik*, TWA Bd. 13, S. 216–217.

现出自我意识所能达到的顶峰，它发展成为了通向概念表达的桥梁，用希佩尔的话说就是，从"心"到"脑"，从"念头"到"洞见"。形式的规定性在于哲学对真实做了补充。但这种形式却并不是外在于内容。黑格尔认为，真实的内容首先就被设定在表象形式向概念形式的转化之中，在一种表达方式向另一种表达方式的过渡之中。首先，在思维着的自我关系中，形式和内容之间完善的统一性被成功地确立起来，概念就是形式本身，它将内容包含在自身之中。[1] 通过对《项狄传》的分析以及对幽默中的否定性与主体性的研究，应当能揭示出幽默与皮浪主义的怀疑之间所存在的亲缘关系。

"毁灭性幽默的肆无忌惮"——斯特恩的《项狄传》之为第一部表达怀疑主义的现代小说

> 幽默其实是一种严肃的诙谐。
>
> 彼得·乌斯蒂诺夫（P. Ustinov）

无论是在哲学的思辨中还是在文学的表述中，否定性原则都是怀疑主义的基石。黑格尔强调了有限物的自我矛盾和自我毁灭———一切有限物均是如此，即必然会扬弃自身。借助于均势原则，否定—怀疑的进程揭示出有限物本身所具有的虚无性，它否定了对世界的存在（des Ist der Welt）的直接接受。"怀疑主义将扩大了现实性和确定性的全体领域，提升到潜能的不确定性中。"皮浪式的、保持着清醒头脑的洞察力，作为一种对一切不断进行检验的知性，作为一种回避一切无根据的假设并因而反对一切独断论的知性，登上了逻辑的阶梯，达到了均势原则，达到

---

1 Hegel, *Vorlesungen über die Ästhetik*, TWA Bd. 13, S. 231.

了在理论上对一切漠不关心的态度。这导致的结果就是不做判断，不做判断作为一种在实践上的漠不关心，包含了对一切都无所反应。在某种意义上，这种漠不关心就发展成了一种论证上的怀疑主义的标识，亦如它变成了一种文学上的怀疑主义。沃尔特·项狄有"成千微小的滑稽可笑、表示怀疑的见解要捍卫"。他摇摆于两种立场，"在他面前，正方和反方在天平上都是同等分量的，对他而言是绝对的无差别"。如同两种来自两个相反方向，又相互影响的同等的力量，这两方面的效用便相互抵消了，正如沃尔特·项狄所解释的那样，"出于这些原因，他不打算在两者间做出无意义的选择"[1]。

　　黑格尔所描绘的皮浪主义怀疑论同他笔下的现代幽默表现出某种一致性。"在幽默和奇思怪想的艺术之中"所呈现出的诙谐的主体性扮演的是这样一个角色，它乃是一个彻头彻尾的反对派，它对一切臆断的客观性或者臆断的实体性都加以消灭，对一切表面上看起来无比合理的要求都加以摧毁。这单单是对"持续至今仍然存在着的合法的内容所做的激进颠倒"。约里克自称"坚决反对一切故作严肃和假装真诚"，他在其中看见的不是别的什么，"而正是掩饰愚蠢和无知的斗篷"，他对其公开宣战，不管他们到底躲在何种保护伞和掩蔽物之下，他是很少宽恕它的。因此，他缺少仁慈，在运用怀疑的武器和风趣幽默来碾压一切之时，他也无所顾忌，斯特恩对约里克牧师的描述非常容易让人联想到卢奇安的讽刺，"塞万提斯（Cervantes）的严肃"与莎士比亚的天才的幽默。[2] 同时，在这些文学权威的作品之中，黑格尔看出了现代主体性原则的禁令。以斯特恩的讽刺小说为瞄准镜，虚荣浮夸、愚蠢、迷信都能被找到，甚至还有对路德（Luther）堕入地狱牢骚不断的教条主义者，躺在摆满墨水瓶的地板上的老学究，到处嚷嚷着的哲学家，古板、怪癖、

1　Laurence Sterne, *Tristram Shandy*, a.a.O., S. 68.
2　Ebd., S. 34, 233.

忧思不断，总之，人们的愚蠢完全暴露出来。在卢奇安-斯特恩为代表的这种文学类型所构建出的欢乐爽朗和无忧无虑之中，人们对整个外在存在漠不关心，外在世界是以否定物的面目出现的，在幽默的浪漫主义的内在性中，整个作为现象而存在着的世界是无足轻重的。那变成客观的、试图赢得现实性的坚实外在表现形态，或者在外在世界中所显现的一切，都被突然产生的主观念头的威力、思想上的灵光一闪和令人惊异的思维把握方式所彻底摧毁了。黑格尔在处理古代怀疑主义的文本时候，将这种怀疑主义者的状况称为现代诗歌的"高光时刻"、一种"普遍否定性的因素"。[1] 幽默使得一切都在自身中自行瓦解了，与此同时这一瓦解的过程还能被直观到。总体而言，现代艺术完全变成了一种显现的艺术。就此而言，它以一种皮浪的怀疑特性作为怀疑主义的原则，而在塞克斯都的眼里这种原则乃是显现，是显现的主观之物。一切均通过个体性消解在个体性中，而在对这种消解一切的个体性的大笑之中，主体性证实了自己的凯旋。

每一种真正的哲学也都有否定的一面，这一否定面向针对一切有限物和限制，并且彻底地否定一切有限认识的真理。从这个角度来看，斯特恩的《项狄传》为新时代文学提供了创见，乃是第一部真正的怀疑主义的现代小说。它代表了黑格尔所界定的那种艺术上的范式转换。先前的艺术还得通过时代、文化和特定的世界观得到本质的规定，而在现代则发展出一种相反的立场，即自由的艺术，在艺术上无拘无束的想象力。让·保尔在谈到幽默时，不免将它和一种与生俱来的逆向转化（ lex inversa ）联系起来，幽默"就像墨洛普斯（Merops），这种神话中的鸟虽然把自己转过来用尾巴朝着天空，但它还是朝着这个方向倒着飞向了天空。这个玩杂耍的一边用头来跳舞，一边向上喝着琼浆

---

[1] Hegel, *Vorlesungen über die Geschichte*, TWA Bd. 12, S. 385.

玉液"[1]。所有先前对被规定的材料或者特定形式的约束都被取消了，材料和形式在一种最广泛的意义上得到了"解放"。这番对"怀疑者的处境"（Situation des Zweiflers）充满想象力的描述具有重大意义，这种处境被描绘成出自普遍的否定性的视角。这里所呈现出的不是别的什么，而只是艺术家的主体性，艺术家只对这样一条原则负有责任。不管这一原则是被称之为普遍人性，还是一种唯一免于怀疑检验的标准。人（Humanus）被认为是新的、唯一的和最后的神圣之物。歌德指出，斯特恩对一切人性中稀奇古怪的癖好具有同情心和"高尚的宽容"。"奇妙绝伦的东西中总有一些玄机需要知性、理性和善意去识破，这些东西吸引着我们、让我们着迷。"[2]如让·保尔所言，幽默将自己刻画为"凭借温柔和容忍反对个人的愚蠢"，因为幽默作家和那些令人讨厌的嘲讽者和喜欢揶揄别人的"冷嘲者"不同，"他从不否认自己和人性有着最密切的关系"。[3]按照黑格尔的看法，在幽默之中，只有自在的否定物和漫无差别之物才陷入自我瓦解之中。众所周知，在谈到将作品从表达形式解放出来之时，《项狄传》必然是一个与之密切相关的典型例子，我们只需提及以下几个特征就足以说明这一点：它对各种风格各异的文体加以混合。在小说中，作者自己开始对自己的创作经历展开了反省，并且还饶有趣味地以倒叙的方式对自己出生的来龙去脉做了介绍。

就像在皮浪主义里发生的那样，精神漠不相关地对待现实所呈现的一切。[4]"肆无忌惮摧毁一切的幽默"趋向于怀疑主义，二者都转向反对现实世界的欺骗性，抑或通过论证抑或直接采取一种嘲笑的态度，以此

---

1 Jean Paul, *Vorschule*, a.a.O., S. 129.
2 Goethe, *Lorenz Sterne*, a.a.O., S. 350, 351.
3 Jean Paul, *Vorschule*, a.a.O., S. 128.
4 Hegel, *Vorlesungen über die Philosophie der Geschichte*, TWA Bd. 12, S. 385.

来表达对世界的轻视。"正如理性之光使知性目眩神迷、神圣之光使有限世界目眩神迷，幽默也是如此。"[1] 所谓的外在世界一旦以纯粹怀疑主义的方式进行检验，就马上表现出不真实甚至说是变成了纯粹的映象。对世界的幽默构建了那个和被信以为真的现实生活处在巨大对立面的欢乐的假期。

特别要指出的是，魔鬼正是这个颠倒了的世界的化身，表现为这一"巨大的世界的投影"，因此它被认为是"最伟大的幽默家与最异想天开的人"[2]。为了让世界见鬼去，我们必须成为魔鬼般的幽默作家。斯特恩的怀疑主义-反现实的态度消除了将世界当成现成存在的论题，彻底击碎了一切客观性。他对许多事情做出了解释但同时又对之不断抱怨，并就此断定，他之前所做的一切解释其实都是假的。按照让·保尔的看法，幽默简直"对它的矛盾和不可能性推崇到无以复加的地步，正如在蒂克的小说《泽比诺》(*Prinz Zerbino*) 中，小说的主角在小说中直接陈述自己是一个地地道道的虚构人物，并不是真实存在的"[3]。在由图像构成的绚烂烟火中，有限物被否定性彻底击溃，其虚无本质失去了一切伪装的面具。风趣就是怀疑着一切的毁灭者，"它重视一切也蔑视一切，一切对它都是无差别的"[4]。谁要进天堂，谁就要先下地狱。

否定性的隐喻和图像性表达也会出现在那些偏爱怀疑主义方法的哲学家笔下，如塞克斯都与康德就提到过"倾泻剂"(Kathartikon)，用以避免独断论的侵害；而康德和黑格尔也说过"将有限物扔进空虚的深渊"、"对所有都一视同仁的断头台"和"吸血的蜘蛛"。真正的怀疑主义可以被视为哲学中和文学中的耶稣受难日，受难日本身就意味着摧毁

---

1 Jean Paul, *Vorschule*, a.a.O., S. 131, 132. 让·保尔特别之处幽默和怀疑主义之间的相似性，这一点也被来自莱比锡的怀疑论者恩斯特·帕特纳（Ernst Platner）强调。
2 同上，第130页。
3 同上，第131页，第132页。
4 同上，第201页。

有限性。和"纯粹机智的二律背反"的拥护者一样，那些在言谈中机敏而风趣，并热衷于使对话伙伴困窘的怀疑主义者，也是否定性的拥趸，他们是哲学与文学的耶稣受难日上的神甫。在哲学上，他们是形而上学的守护骑士；而在文学上，他们又是否定性的小丑弄臣，以幽默的方式展现出有限物的愚蠢。

现代性自我和其自我对话
——"遵循其内在的偶然性而成为自由的主体性"

在黑格尔的视野中，古代的皮浪主义的怀疑论代表了自由的自我意识，这一全新的原则要求人们去打破一切给定的秩序。每个哲学家都一定要成为皮浪主义者，不带有任何先入之见，他要摆脱所有无根据的假设或者先知式的预言，他必须让自己的思想成为用怀疑检验着一切的地狱。这一原初的皮浪主义是一种合理的特定的生活方式，它存在于皮浪对自己生活方式的解释中。皮浪思想中积极的一面在黑格尔看来，存在于这样一种个性中，这种个性的个别性乃是其哲学本身，并且他的哲学其实和这种自由的特征没有任何区别。此处明显呈现出和现代幽默的亲缘关系，与塞克斯都的信条相符，"我从不对那些我说出的事物做出确定性的断言，在某种程度上，它们只是像我表达的那样，对我如此这般地呈现，简言之，它们只是对我呈现，而我只是描述这种呈现。"[1]

这与对个体生活方式的叙述有关，与对个人性格的自我描述有关，与应当作为比喻的故事有关。借助对论证的有意识地放弃，就完全离开了哲学的领域，而进入了表象、幻想和想象（在皮浪主义的意义上这是一个纯粹显现的世界）。这再一次揭示出，皮浪主义的特性会导向表

---

1 Sextus Empiricus, PH I, 4, 着重号为本文作者所加。

象化、图像化和叙事性，会导向文学和诗歌的模式。皮浪的追随者处在斯库拉和卡律布迪斯之间，一方面他是以概念思维的哲学家，另一方面则是小说家和诗人。他处在这样的一个过渡环节或者中间领域，就像天使，既来自天堂也同时属于人间。幽默，这种由斯特恩开创的现代幽默小说的经典范式，直接接续了皮浪主义中隐含着的文学传统，同时将两位伟大的文学上的皮浪主义者：卢奇安和蒙田作为这一传统关键的先驱人物。

"我"之自由的主体性，主观幻想之自由的主体性在幽默所构建出的自由空间中充分地显现出来。根据自身内在的偶然性，获得自由的主体性以爽朗为主要特征，它是自我意识的绝对自由在主体性的世界中痛快淋漓地开怀大笑。在幽默的自我否定中，诙谐的主体性保持着平静且确凿无疑地达到了皮浪的幸福意识。阿里斯托芬喜剧中的主角、堂吉诃德（他对他自己和他的事业抱有充分信心）和斯特恩笔下的性情古怪的人，均表现出自我确定性，对自己的行动和结果表现出不用思考的镇静态度。这种无忧无虑的漠不关心，都引人注目地表现出和怀疑主义的不动心的亲缘关系。[1] 这种不动心所带来的幸福和愉快被称为："这个确定性乃是精神自身的安宁和稳定，不带一点悲愁。"[2]

黑格尔阐明了幽默呈现出浪漫型艺术最高的表现形式的典型特征，这就是个别的特殊性、个体的命运，那带有偶然和任性标签的充满生命力的活动，使"主体性被赋予了个体的气质"。长篇小说是自画像，是独白，是作者对自身人生经历的叙述，而这也就是希佩尔作品的标题，而他的这部小说恰好也顺理成章地以"我"作为开篇的第一个词。传记文学的作家，诚如斯特恩所言，"特别是借助爱巴马儿（奇怪的癖好）

---

1 Hegel, *Vorlesungen über die Geschichte der Philosophie*, TWA Bd. 14, S. 218.
2 Hegel, *Vorlesungen über die Geschichte der Philosophie*, TWA Bd. 19, S. 362.

的描绘"[1]能够将人的个性地道地勾勒为独特的、没有雷同的个体性。歌德将斯特恩作品中占主导地位的激情类似的表述为特点，约里克有最富于想象力的特点，他自己有那些非常稀奇古怪的癖好，比如他那些在马厩里的瘦马。幽默意味着"骑上爱巴马儿外出并且每天都时不时地冒出一些稀奇古怪的、前所未有的念头，甚至就像傻瓜那样整天充满欢乐地逗人发笑……欢天喜地地骑在马背上一下子就克服掉了所有人生阻碍，从此开始了人生旅程"[2]。

斯特恩和希佩尔都有责任遵循皮浪主义者蒙田的信条："我是我著作唯一的内容。"但蒙田只作为一个流浪者在不断旅行，或说"自娱自乐"。他没有明确的计划和既定的目标，"人们问我为何去旅行，我往往会说，什么是我逃避的，而非什么是我所追寻的"。在希佩尔的书中，我们读到这样一些内容，偶然的和任意的、无目标的游历、去×××旅行，"自那位英国的第欧根尼，斯特恩开创了一种感伤的旅行以来，多半的德国人被此吸引，且出现了部分优秀的追随者"。毋庸置疑，这种业已形成普遍风气的、通过旅行来寻找自我的模式是根本原因，使得我想象，作者与读者就像一对旅行者一样，在旅行中的某处驿站中碰头。"到哪儿去？""去×××""亲爱的，我们一起去旅行！"其中"我们一起去旅行"有一种如此令人感同身受的力量，这种力量不是像磁石和铁那样迅速地被吸引在一起，而是像两颗心那样慢慢地靠近。旅行箱关着，但心却对一切都充满兴趣，人们对自己讲述自己的人生经历。[3]

在《项狄传》以及《攀升的人生经历》中，我们发现了愉悦且诗意的独白，充满幻想和幽默感十足的自我建构，那些有关不同领域和来自

---

1 即木马，德语双关为奇怪的癖好，蒲隆中译本译为爱巴马儿。——译者注
2 Laurence Sterne, *Tristram Shandy*, a.a.O., S. 17, 90. 参见 Goethe, *Lorenz Sterne*, a.a.O., S. 350—351。
3 Theodor Gottlieb von Hippel, *Über die Ehe*, Berlin, 1979, S. 94—95，着重号为本文作者所加。

不同视角的风趣的对话，而最核心的焦点就是在思维着的我、表象着的我和感知着的我不断地交互碰撞。"每个人都必然以自己独有的方式叙述自己的故事（历史）"，这应了斯特恩的自我反讽式的一句话："一切故事都是我自己的行动。"每个人都"如其自身所是"的那样描述自身。[1] 如让·保尔所言：在每个幽默作家那里，故事的主角就是他自己。"幽默作家自己就是自己的滑稽小丑，也是自己的假面舞会的五重奏乐队，但同时，他也是自己的君主和导演。"[2]

黑格尔与在德国兴起的斯特恩热

黑格尔本能地洞见到斯特恩所开创的这种文学形式预示着文学本身的瓦解活动，这一点从黑格尔所钟爱的小说中也可见一斑了，有鉴于此，这些在小说创作上的追寻和尝试以各种大相径庭的方式继承了斯特恩开创的文学范式：来自约翰·蒂莫托伊斯·赫尔梅斯（Johann Timotheus Hermes）笔下的《索菲从尼曼河到萨克森的旅行》(Sophiens Reise von Memel nach Sachsen)被称为黑格尔高中时期最喜爱的书。这部启蒙时期的小说，在当时属于整个德国范围内可读性最佳的小说之一，它尽管没有达到"诗学的高度"或者由那位柯尼斯堡人（指康德）的学生及好友希佩尔所奠定的德国的幽默，但依然被称作这一类描绘人生经历小说的重要先驱。阿图尔·叔本华（Arthur Schopenhauer）诽谤说，青年时期的黑格尔只去读了赫尔梅斯所写这类通俗小说，但却本末倒置地不去阅读荷马这类的经典。然而事实却完全相反，青年黑格尔其实早已是一个对荷马为代表的希腊经典的热情读者了。然而，连库诺·菲舍尔（Kuno Fischer）也认为其实《索菲的旅行》是一部平庸

---

[1] Laurence Sterne, *Tristram Shandy*, a.a.O., S. 742, 657, 725.

[2] Jean Paul, *Vorschule*, a.a.O., S. 132.

且无聊的小说[1]，这种看法只顾及一面，却没有发现这部小说已经受到了斯特恩的影响。黑格尔此外还认为，弗里德里希·尼科莱（Friedrich Nicolais）的《硕士塞巴达斯·诺坦科先生的生平及其见解》(*Sebaldus Nothanker*)、奥古斯特·拉方丹（August Lafontaine）的《自由人昆克修斯·海曼·冯·弗拉明先生的生平和行动》(*Leben und Taten des Freiherrn Quinctius Heymeran von Flaming*)以及迈纳斯（Meiners）和齐默尔曼（Zimmermann）的此类作品都属于此列，当然也不能忘记雅可比的《沃尔德玛》(*Woldemar*)。所有这些小说都代表了一种新的短篇幅小说的形式，尽管它们有着不同的文学表现力。[2] 此外，如黑格尔所批评的那样，在一些这类的短篇小说中，离奇的情节和吸引人的闪光点尽管一时起到了抓住读者的效果，但陈词滥调和多愁善感的风格却压倒了内容本身。

与之相对，希佩尔尝试将斯特恩奠定的原则（孤独自我风趣的对话）做一个恰当的处理。希佩尔的信条几乎和蒙田的完全一致，他将文学中出现的新的主体性具体带入到这样一点上："我为我自己写作，我为我自身的愉快和不愉快提供一种自我对话。"[3] 希佩尔最为黑格尔所激赏的小说《攀升的人生经历》，它的开头，正如上文所提到的，就是"我"这个词。这位哲学家（指黑格尔）从图宾根的学生时代直到柏林时期都对这部小说给予了特殊的高度评价。而正如卡尔·罗森克兰茨（Karl Rosenkranz）在传记里所提到的那样，是荷尔德林使得黑格尔不仅注意到柏拉图、康德以及雅各比的著作，而且也同样开始阅读希佩尔的《攀升的人生经历》。[4] 在柏林时期，黑格尔颂扬这位康德和哈曼共同的朋

---

1 Kuno Fischer, *Hegels Leben und Werke*, Heidelberg, 1911. 1. Teil, S. 9.
2 关于这方面的研究，参见 Peter Michelsen, *Laurence Sterne und der deutsche Roman des 18. Jahrhunderts*, Göttingen, 1972, S. 32.
3 希佩尔的引文参见 Michelsen, *Laurence Sterne*, S. 271。
4 Karl Rosenkranz, *G. W. F. Hegel's Leben*, Berlin, 1844, S. 40.

友（希佩尔）是整个"德国最杰出的幽默作家"，将《攀升的人生经历》称为"表达最深刻幽默的作品"，是极少数德国民族中具有原创意义的伟大作品。[1] 这部作品得到了这些赞语："诗歌中的深度"，还有"不可思议的个体性、清新和朝气蓬勃"，以及"客观幽默开出的风趣机智之花"。[2] "斯特恩的德国热"对青年黑格尔思想道路的形成所产生的影响，尤其是其对《精神现象学》的内容和文本形式的重大意义，至今仍被研究界所忽视。米希勒（Michelet）对此的评论尤其富于启发性：黑格尔习惯于将这部作品（指《精神现象学》）称之为"意识自身的探险之旅，以便在此运用思辨的方法，考察这种与他在哲学史上相得益彰的绝对知识，并在事实上经历了人类一切知识的全部领域"[3]。知识的漫游之旅在自身特有的领域中得到呈现，借助对赫尔梅斯和希佩尔的小说的阅读，黑格尔的《精神现象学》本身就能被描绘为智慧在世界与自身之内的经验，是呈现为智慧的生命之旅。

总　结

　　我们当今时代自由的语言正是幽默，但这种幽默却也只是含泪的幽默，因而语言其实已经确立了优势，在那里，人们一旦言说，他就被打败了。

　　　　　　　　——弗里德里希·迪伦马特（Friedrich Dürrenmatt）

在幽默作品中，艺术家只是呈现其自身；在幽默作品中，诗人的

1　Hegel, *Hamanns Schriften*, TWA Bd. 11, S. 336; 参见 *Vorlesungen über die Philosophie der Religion*, Werke XII, S. 493; 亦见 *Kehler-Nachschrift*, S. 275。

2　Hegel, *Hamanns Schriften*, a.a.O., S. 279, 336.

3　米希勒原文参见 K.L.Michelet, *Hegel in Berichten seiner Zeitgenossen*, Hrsg. v. Günther Nicolin, Hamburg, 1970, S. 76。

反思和感受得到了表达，所表达的就是书写中的那个"我"，这个"我"按照自身的特殊性，按照这个深刻的意义来生产自身。小说乃是在我自己之内的漫游，是对命运，对个体教育、学徒时代和漫游时代的叙述，是作为人生之旅的饱含诗意的自画像，是作为迈入到自身的旅行和散步。换言之，源于自身的自我的诸表象是对自我内在状态的最高形式的隐喻性表达，是以表象形式呈现的自我意识的顶峰。这标示出现代艺术漫游其中的那狭窄的山脊，诸如以下这些关键词成了现代艺术的标签：日常琐屑、原初质朴、感伤主义、平庸无聊。歌德非常贴切地将之评论为"引起轰动的冒险"，唯有作家高贵的天性（让·保尔）或者是美丽的灵魂才能保证作品取得成功。

幽默不仅取笑整个世界，甚至还嘲笑这个诗歌中的自我。在幽默的形式中这种艺术家的自我呈现达到顶峰，而这诗歌中的自我的自我虚妄必然也被彻底涤清。正如将均势原则运用于均势原则自身，以幽默来救治虚妄性，这种虚妄性恰恰借助幽默得到了克服。幽默的主体性同样必须献出除了质料之外的自身，即人类本性中的那些荒谬和愚蠢之物。那些诗人所献出的自身暗示了客观幽默一直只是作为个体性而存在，只是作品中的部分或局部而已。

正如皮浪主义的怀疑论是哲学的自由的一面，它的内容作为哲学所暗含着的，或者内在固有的怀疑主义显现出其必要性，从而哲学成功抵抗了怀疑主义论证的检验；而幽默也正是现代艺术中的自由维度，其以包含真正的客观幽默作内容，从而显得卓尔不群。现代的主体性（按照黑格尔得出结论的原话是）要求这种已然实现了的怀疑，否则人们就得不到这一主体性的概念；但它同样需要欢笑，需要自由的幽默，需要这种已经成功的诙谐；否则人们就得不到对自由爽朗和精神性的"惬意舒适"的正确的表象。真正的怀疑作为冷静理智的洞察力和无忧无虑的欢乐能够给予一种坚实的保护，以对抗独断论的僵化和原教旨主义的狂热。致力于以欢乐来表达文学上的怀疑主义的作家，上至蒂蒙和卢奇安，下至让·保尔和内斯特罗伊，而出自阿里斯托芬、莎士比亚、塞万提斯和斯特恩的诙谐-幽默的读物能帮助人们追寻真正的笑，在这个意义上甚至安伯托·艾柯（Umberto Eco）描绘的巴斯克维尔的威廉修士也属其列。

正如怀疑主义还不能作为哲学本身，因而幽默也只是艺术作品内在固有的一个领域而已。在这个意义上，现代是文学和哲学的怀疑主义的时代，同样也是怀疑论以文学和哲学两种不同方式为表现的时代。当黑格尔要求将怀疑主义纳入概念式的思维之时，斯特恩的《项狄传》就应当被视为这样一个典范，它成功地将直观-表象可视化了，并且作为《项狄传》内容的幽默正是文学-诗意的怀疑主义。

（徐贤樑　译）

第七篇

朝后飞向天堂
——在让·保尔和希佩尔作品中的斯特恩式"超幽默"和项狄主义

幽默和逆向转化类似，"地狱之旅为通向天堂铺平了道路"，它"就像墨洛普斯，这种神话中的鸟虽然把自己转过来用尾巴朝着天空，但它还是朝着这个方向倒着飞向了天空。这个玩杂耍的一边用头来跳舞，一边向上喝着琼浆玉液"[1]。让·保尔将咖啡、象棋，顺带也将哲学看作是他精神上生命力的根基，由此他极其出色地描绘了这种逆向转化的形象，即颠倒和回返的形象："王车移位"（Rochade）。这是诗人们非常喜欢采用的一个隐喻性表达，它是文学这盘棋中人们最喜欢下的一招棋；王车移位在国际象棋中实现了一种对现行规则的打破。人人都知道，在这一步中有两个棋子的位置发生了变化，棋手同时移动了两个棋子，即王与车之间在王一侧的短易位，或在王后一侧的长易位，这是对象棋规则的一种反转。让·保尔也使用了"倒逆论法"（hysteron proteron）这一传统观念，将通常的次序颠倒了过来：本应（在时间或逻辑上）较后的东西突然被提到了前面，成了"最后的最初"（Hinterst-Zuvörderst，歌德）。世界和意识也像这样被翻了个。先下地狱乃是上天堂的条件，墨洛普斯朝后飞向天空，用头来跳舞并且向上喝着琼浆玉液——这是对既定关系

---

[1] Jean Paul, *Vorschule*, a.a.O., S. 129.

或通常情况的颠倒或者反转,确切地说这种颠倒或倒转毫无疑问是阿里斯托芬式的,他就是喜剧与幽默界的奥林匹斯神。与欧里庇得斯不同,后者在所创作的悲剧之中,让高贵的柏勒洛丰骑上骄傲的飞马帕伽索斯威仪堂堂地飞往诸神,而这位天才的喜剧诗人(阿里斯托芬)却直接打发农民特吕伽俄斯(Trygiaos)骑着一只巨大无比的屎壳郎去往神界(阿里斯托芬喜剧《和平》中的剧情)。

在进一步研究之前,有必要先对之前反复提到的德语词"Umkehrung"(颠倒)的几个基本含义做一个简要的说明,这或许有助于对这种不同寻常的思想的理解;对这些相关文本的处理和思考都是基于黑格尔在《精神现象学》中对"颠倒"概念之规定和处理而发展起来的:

(1)颠倒是再次转向(Um-Wenden),在重新定向的意义上就可以将颠倒看成是一个新的转折点,是向后退行的开始,这就意味着放弃原先计划所要达到目标。

(2)回转是停歇(Einkehr),在整个前行的运动过程中回转或者停歇所表明的只是片面性,静止取代了运动,这是一种中间状态,突出了运动和静止的二重性。

(3)颠倒在很大程度上意味着展开了新的视野,而在这种视野下,不得不与前行的步伐始终保持着一段距离,让我们看到被前进运动所遮挡的东西,而这一新的视角下,之前走过的道路却也实现了内在化(Er-Innerung),成了回忆,颠倒也意味着修正(Re-Vision),这种修正意味着从停留之处审视所走过的道路,同时也对这走过的道路进行检验。

(4)放弃了原先被规定了的目标,这将漫游者带入到无目的的流浪和闲逛之中,使之不带任何自己预先决断和目标,而只是凭着臆想就大胆地出发,这也是被偶然的、个人的意愿所主导的时刻,是"精神上的偶遇和冒险",或者用斯特恩的话说,"是在路上停停走走"(to trifle upon the road)。

（5）颠倒就是倒转过来的意思或者是调转矛头转向自己，让·保尔的话说就是"奇异中的奇异"，而用黑格尔的话说就是"反讽的反讽"。

（6）颠倒是偏离，是用头站立，或者甚至就可以理解为歪曲造假。

（7）颠倒是翻转（Umstülpen）、翻倒（Umschlagen）以及根本性的变化，它意味着走到这一步之后，再也无法按照之前步态继续行进，不得不以一种另外的、全新的方式继续前行，这就引发了反叛或者革命。

（8）颠倒是返乡之路，是回到出发点。

我们探寻的问题或许是：在诗与哲学的关系、逻辑思辨和幻想的关系这一语境中；或者如斯特恩所言，在"洞察力和风趣之间的极富创造性的张力中"，该如何理解颠倒所扮演的角色？在自我意识中，在对自我的认识的结果中，按照黑格尔的说法，我们已然达到了确定性和真理的同一——意识自身就是真实的，自我意识因而便是意识的运动方式和意识经验的真理。在怀疑主义的形态中出现的仅仅是这样一种颠倒，它将客观的对象彻底地转换为显现，而显现作为他者、作为外在的东西、作为意识的"对-象"（Gegen-Stehend），完全丧失了存在的地位。现在对象只是我的表象，并且因而就像塞克斯都所理解的那样，对象只是一种显现。"怀疑主义的原则就是显现（phainomenon，一切都是显象）。在这一原则下，我们在事实上也只能把那些呈现出的显象理解为主观的（phantasias auton，向我呈现的），理解为我们的幻想。"[1] 对象完全成了属我的，我知道对象在我面前。按照斯特恩的说法，一切叙述都是真实的，因为这些都是我自己的行动。

显现之物、现象本身就是尺度，在这一原则下，我们将意识中的表象、幻想当作自身表象的主观化呈现，表象是"无意识的经历和遭际"，

---

[1] 参见 Hegel, *Verhältnis des Skeptizismus zur Philosophie. Darstellung seiner verschiedenen Modifikationen und Vergleichung des neuesten mit dem alten*, TWA Bd. 2, S. 224。

所呈现之物也只是被我们主观地认之为真。[1] 古代哲学将现象视为感性之路，将客观显现（事物）转化为主观的表象，将之视为幻想，在此这种亲缘性就被完全揭示出来了。

通过洞悉意识与对象间关系的诸种形式，在意识发展道路的一个关键点上出现了不同寻常的颠倒、激进的转向，这是第一个转折点，在此情况下，显象在他物的意义上，在一种处在意识之外的与意识相对的存在的意义上，完全丧失了存在的地位——对象现在只是我的表象，是想象力的产物。意识的本质、精神的显现、作为绝对否定性而存在的自我，都将自身凸显为自己的外在形态。在这段意识发展路程的一点上，"在意识的矛盾得到解放"[2] 的中转站上出现了颠倒，但仅仅是意识自身的倒转。意识的一个基本状况就是它必然颠倒自身，成为自我意识。斯特恩在《项狄传》的扉页部分就用了罗马斯多葛派哲学家爱比克泰德（Epiktet）的著名座右铭表达了颠倒的意思："使人惴惴不安的并不是行为，而是对行为的见解。"

接着，我将详细解读一些有关颠倒和倒转形象的重要性的例证，它们都与文学中的想象力有关，因为斯特恩的幽默是文学的怀疑主义的一种形式，这种幽默同样出现在斯特恩的两位伟大的德国后继者：让·保尔和希佩尔的作品中，他们在作品中都试图追随斯特恩的风格和长处：因而在作品中一会儿离题万里，一会儿情节又不断向前发展，确切地说就是情节同时向两个方向发展。或者如斯特恩关于王车移位所做的一个不可超越的很长的隐喻性说明所表现的那样："这时候我的姑奶奶黛娜和那个马车夫却跟我们不期而遇，并领着我们想入非非，遨游几百万英里进入了那个行星体系的核心。"[3]

---

1 Sextus Empiricus, PH I, 19, 22; Hegel, *Verhältnis des Skeptizismus zur Philosophie*, TWA Bd. 2, S. 224.

2 Hegel, *Wissenschaft der Logik*, TWA Bd. 5, S. 45.

3 Laurence Sterne, *Tristram Shandy*, a.a.O., S. 90.

倒转作为幻想中的王车易位

"但是，天哪！"——像棋手让·保尔所宣告的那样："如果我们能不动声色地做到王车易位，那我们就能赢下某一局棋。"[1] "言语中的王车易位"能让我们先听到雷声，然后才看见闪电的光，它有能力颠倒日常生活中的一切规则，项狄式的风趣提供了这样一个机会——对让·保尔来说，它就是生活自身最大的对立面，作为自然的换位构词法（Anagramm），幽默风趣自然地就成了精神和诸神的否认者，一个颠倒者，一个反叛者，"它对什么也不重视但也不轻视，一切对它都是一样的"——它处在文学和哲学之间，"且它无所欲求，只是意欲自身，为游戏而游戏"[2]。它以救星的身份而闻名，笑声无比大[3]，幽默"作为真正的诗歌艺术满足了人们摆脱束缚的愿望"。

文学上的逆向转化包含了所有这些领域；让·保尔将幻想中的冒险和语言中的冒险描绘为"自由的倒逆论法"——这自由体现在对所习惯的和所熟悉的东西的颠倒上，体现在作为原型的、施瓦本地区充满了幻想色彩的狂欢节（菲舍尔）；直到《项狄传》的第20章，作者才写出了小说的引言，告诉不明就里的读者们这本小说是怎样的。幽默自身代表了一种倒置，它是对崇高的颠倒，一切（如《美学入门》所言）必须变成浪漫的，或者说必须被翻转过来。抒情的精神总会把幽默作家抛回自身，让他们成为世界的凹面镜。幽默是自我指涉，除了认识自身的存在，它再无什么其他的目标了，幽默并不导向自己与世界的对话，而始终如阿里斯托芬的《云》中的斯瑞西阿德一样，是自我的独白。如让·保尔·里希特所言："谁不希望像蒙田和斯特恩那样自由的写作

---

[1] John Paul, *Vorschule*, a.a.O., S. 100.
[2] Ebd., S. 201.
[3] Ebd., S. 116.

呢？风趣总是不稳定的，它处在变化之中；它从不留下一丝踪迹……因为它漠不相关地对待事物间的真实联系，追随着纯粹的显现，并在沿着曲折迂回的小径追捕猎物时迷失了自身。"[1] 按黑格尔的说法，试图在现实性中赢得坚实外在表现形态的一切都被主观想法的威力、思想上的灵光一闪和令人惊异的思维把握方式彻底摧毁了。于是艺术表现"变成一种任意处理事物（材料）的游戏，对它加以歪曲和颠倒，这也是作者用来暴露对象也暴露自己的一种主观表现方式，见解和态度的纵横乱窜，徜徉恣肆。"[2] 这种献出自身和颠倒自身的幽默作家在文学的形象中表现为取笑自己的滑稽作家，他自己就是自己的滑稽小丑，也是自己的假面舞会的五重奏乐队；但同时，他也是自己的君主和导演。语言也尝试扬弃自身，事物应当再一次被置于那个匿名的领域，在其中它们都尚未被命名。[3] 斯特恩始终在审慎地思考自己遭遇的各种事情，直到他最后发现，关于那些事情没有一句话是真的。让·保尔在蒂克的小说中看到了这一情况的顶峰，表现了对颠倒和反转持续不断的陶醉和沉迷。在蒂克的小说里，"主角最终发现自己是一个地地道道的虚构人物，并不是真实存在的"[4]。在颠倒中，艺术的真实状况被揭示了出来。在下面的部分中，我们将通过一些典型的例子和一些衍生概念，更全面地解释所谓王车易位。

天堂和地狱

诙谐的先驱之一卢奇安已经建议从冥王哈迪斯的角度来写作，斯特恩也就明确地将其援引为自己的先行者。之前提到过让·保尔的表述：

---

1 John Paul, *Grönländische Prozesse (Satiren)*, 1783f, 使用假名 J.P.F. Hasus。
2 Hegel, *Vorlesungen über die Ästhetik*, TWA Bd. 14, S. 229ff.
3 Michelsen, *Laurence Sterne*, a.a.O., S. 323.
4 Jean Paul, *Vorschule*, a.a.O., S. 131.

上天堂是以下地狱为前提的，而墨洛普斯同样是朝后飞向了天空并且倒着喝的琼浆玉液。而在阿里斯托芬的喜剧《和平》（*Eirene*）中，飞向天空的不再是欧里庇得斯所描绘的那神圣的飞马，取而代之的是散发着恶臭的屎壳郎。在《项狄传》中我们发现一段对路德被刮入地狱的学究气十足的吹毛求疵的描述以及路德这段地府之行的整个过程。众所周知的是，对让·保尔而言，魔鬼本身就代表了一个重要的文学形象，相对于神圣的世界，他是"真实的颠倒了的世界"，是"世界的巨大阴影"，被认为是最伟大的幽默家与最异想天开的人，但魔鬼自身再一次地颠倒自身，因而他表现为纯粹的否定性与自我空洞性，他与世界疏离，与断头台类似，对他来说唯一剩下的东西就是死亡。让·保尔在以下几处描述了这种自我颠倒："大约在三周前我（魔鬼）在化装舞会上已经对我自己的存在有了一些怀疑。"而且诗人又提出另一种对颠倒的理解，他称之为反向运动或者解毒剂，这涉及到颠倒义项中这种臭名昭著的"调转矛头转向自己"（对幽默小说的幽默化的处理，反讽的反讽）："涉及撒旦最新的反自我中心主义，或表明了魔鬼何以敢在大庭广众之下否定自己的存在的理由。"魔鬼肆无忌惮地质疑自身的存在，这应当被公布为对绝对自我中心的一种反抗，即对自我的颠倒。

在希佩尔那里，我们读到类似的话："谁要上天堂，他就得先下地狱。谁要认识上帝，他就得先认识自己。"这听起来依然有点模棱两可，因而人们也能这样理解：自我认识就是地狱之旅。拉丁语 *nosce te ipsum*（认识你自己），以及希腊语 *gnothi seauton*（认识你自己），这句德尔菲的阿波罗神庙上的题词同样也保持了一种模棱两可的双关性质，而且这种双关性恰好通过单词"自己"（我）完成的，这也是希佩尔的小说《攀升的人生历程》那非常出名的开头。无论如何，由于天堂和地狱已经被颠倒了过来，所以，人生历程一开始走的是相反的方向；只有在抵达第一个目的地，即撒旦的王国之后，第二次颠倒才会发生。

人生历程和旅行

希佩尔这部为荷尔德林和黑格尔所高度评价的小说，被冠以"攀升的人生历程"这一标题，并且在第一页上作者将自己称为"攀升中的作家"。然后在几行字之后陈述就开始颠倒了：希佩尔试图将整个人生经历阐明为"下行的"，因为我们今日只是习惯于走上坡路，人生的旅程应当被解释为由棺材到摇篮，从死亡到出生。确切地说，祖父应当在他出生前就去世。德勒兹提出的块茎的形象与之很接近，因而这一比较很值得注意的：块茎植物的根、枝和叶有着同样的结构："将枝条埋在土地里，并让根暴露在空气里伸向天空。"在这里，我们遇到的情况与一般植物明显相反的情况：根向着天空生长，而不是扎根于大地。在让·保尔的作品中，我们也见到了类似的话语：在自然的纵横乱窜和徜徉恣肆之中，河流和河岸都无法区分了。

上述内容与斯特恩之间的相似性自然非常容易被人察觉：在《项狄传》中，出生以及人生经历都是核心话题。到了小说的第 12 章，在特里斯舛死后，在那著名的整个被涂黑的一整页和关于"哀哉，可怜的约里克！"的挽诗之后，随之而来的 13 章就把情节带入到与之前完全相反的接生婆那里去了。"这部支离破碎的作品的读者与接生婆分手已经很久，现在是重新向读者提一提她的时候了。"我们因此被带回了项狄出生时的情形：从颠三倒四、疑难百出的起名过程，到父母实际的生殖活动，一切都充满了问题。后者必然要求人们的小心和谨慎，因为除了对名字的选择和出生的自然本性，它也决定了生出来的孩子的才能。在所有这三个方面（命名、出生和生育）都存在着明显的困难。首先，在通常情况下人们在出生的过程中都是头朝下，头先出来，换句话说，都是颠倒着来到世界上，人们被拽着脑袋硬拖到世界上，这无疑要承担这一非常大的头部受伤的风险。一种与之相反的，但无疑很得体的、取代头先出来的出生方式，即脚先出来的出生，在项狄的情况中受到推荐。事实情况是，为了拯救人的灵魂，有必要把所有事情的头和脚都颠倒一番。第二，为新生的项狄取名至关重要，然而这个取名却完全是以错误和误解为基础的，它甚至引起了一连串神学上的问题。第三，整个生育的进程是以一种荤段子来表达的，由此我们读到："请问，我亲爱的，我母亲说道，你该没忘了给钟上发条吧？——老天——？父亲惊呼了一声，同时把声音压低，——自古以来，哪有女人用这样愚蠢的问题打扰一个男人的？"至此一切都被考虑到了。无论如何，这三大所谓的"债务"必然会对特里斯舛的人生产生重大影响，以至于他那扭曲变形的脑袋甚至在起死回生之后也不能佩戴主教的冠冕，这乃是他所讲述的最后一句话。

在有关旅行的文学方面，希佩尔操持的是另一种形式的颠倒，它嘲弄的是新出现的旅行文学的样式：它们不再像格列佛和约里克的远游那样；哪怕是窝在自己的屋子里，或者度过法国乡下的正午，也可以被想象成一场旅行：自斯特恩"开创了一种感伤的旅行的文学模式以来，多半的德国人被此吸引，且出现了部分优秀的追随者……旅行箱被关上又被打开，人们对自己讲述自己的人生经历"[1]。斯特恩引领着——正如让·保尔所苛评的不少德国诗人——"一条长且带水的彗星尾巴，这尾巴就是一群所谓的（但目前还默默无闻的）幽默作家。"[2] 希佩尔强有力地抵制了这种当时成为普遍风气的追寻之旅，"我一直都在家"——自世界被揭示出，它无非就是我们出生地的一个部分。[3]

音乐——狂欢节——政治

除了怀疑主义之外（这方面的典型代表有莱比锡的学者帕特纳

---

1 Theodor Gottlieb von Hippel, *Über die Ehe*, a.a.O., S. 94-95.
2 Jean Paul, *Vorschule*, a.a.O., S. 127.
3 Theodor Gottlieb von Hippel, *Über die Ehe*, a.a.O., S. 8.

[Platner]），让·保尔认为胆大妄为的幽默、毁灭一切的颠倒也同样表现为某些特定的音乐类型。这类音乐可以以海顿为例，他通过陌生的音效打破了声音序列之间的和谐，另外在音乐方面人们也能想到幽默曲（Humoresken）、谐谑曲（Scherzinos），以及对位法（Kontrapunkt）。

此外被提及的还有源自中世纪的狂欢节（Narrenfeste），它包含了一种临时的、狂欢式的翻转，包含对所有现存秩序的颠覆。在这"内在的、精神的假面舞会"中，体现出的是这样的观念：要转变"世界性之物和精神性之物"，要颠覆"社会等级与风俗伦理"，要让一切都达到"最大意义的平等与自由的欢乐"[1]。这一主题可以通过诸多对狂欢节的研究性论文得到佐证，例如出自米哈伊尔·巴赫金（Michail Bachtin）笔下的研究。

如果斯特恩直接以幽默的方式抨击政治上的偏差和错误，那较之他在德国的后继者，他自己在这个方面无疑得到了更多在政治上的力度和明晰性："在这幅画前景上，一个政治家像一头野兽一样，正在朝错误的方向推动政治的车轮——逆腐败的潮流而上——天哪！——而不是顺它而下。"[2] 现在，作为离题的最后一点，在一个关于项狄式幽默的讲座中插入一段这样的话完全是合法的。

守时的人或循规蹈矩的人

这个标题出自希佩尔的一部喜剧，毫无疑问这一标题是对诸多不同的事和不同的人做的影射——比如对斯特恩、对康德，以及康德的英国朋友格林。在斯特恩的《项狄传》中涉及的性爱领域，这对于斯特恩而言是不能被忽略的，确切地说，斯特恩已经在这个领域开辟了许多新的空间，并且打破了相关的禁忌。这一话题在让·保尔和希佩尔的作品中

1　Jean Paul, *Vorschule*, a.a.O., S. 132.
2　Laurence Sterne, *Tristram Shandy*, a.a.O., S. 242.

还无法被清楚地把握到。

人所共知，钟扮演着举足轻重的角色，它起到了颠倒的效果：借助幻想（就如项狄也是这么做的），"最终由于毫无自然关系的不当联想导致了这起事件的发生，我那可怜的母亲一听到父亲给钟上发条，对另外一些事情的想法就难免蹦进她的脑袋，反之亦然"。沃尔特·项狄已经养成习惯，去亲手给那座立在后面楼梯顶上的家用大钟上发条。"而在这段时间，他还把其他一些家庭琐事逐渐也放在这一段时间处理。"[1]

这无疑是表现沃尔特·项狄最一丝不苟严谨守时和充满学究气的例证，然而他在事实上最终也成了自己守时这一习惯的奴隶。希佩尔创作的这部喜剧和当时普遍的学究气有关，首当其冲的就是康德的好友兼英国商人格林所代表的日常生活的秩序，正如希佩尔在喜剧导言里所评论的那样，格林的确是一个非常古怪的人。这个守时的英国人象征着学究气，这一点特别是在他的准时上体现出来。当然在喜剧中希佩尔也把这一点对准了和格林结识之后的康德，康德在剧中凸显出的还是他哲学硕士的身份，被描绘为一个和格林个性很相似的人。按照希佩尔的描述，康德的哲学无非就是把全部生活都聚焦到书房之中。

康德或许知道《项狄传》，尽管这可能只和年轻的康德有一定关系。在一封玛利亚·夏洛特（雅各比太太，康德的朋友）给康德的信中非常明确地影射了钟："那好，我等您来，我的表也会上好发条。"康德的传记作者曼弗雷德·库恩虽然关注到了这个片段里性爱方面的暗示，但他仅仅只是将其看作一个文学上开玩笑性质的评论而已。[2] 尽管我缺乏相应的反证，但这看起来依然可信度不高。正如《康德传》证明的那样，很可能那位柯尼斯堡人（康德）在 40 岁时除了一部《纯粹理性批判》以外，还写了一部《纯粹女性批判》(*Criticadella donna pura*）。

---

1 Laurence Sterne, *Tristram Shandy*, a.a.O., S. 11.
2 Manfred Kuehn, *Kant Eine Biografie*, C. H. Beck, 2004, S. 119.

简短的总结

在 20 世纪的文学中出现了一位明确地将黑格尔和斯特恩联系起来,并且将颠倒的动机带入到人们的视野中的作家——罗伯特·梅纳塞尔(Robert Menasse),其与黑格尔一样,把斯特恩的《项狄传》看成是自己最喜爱的书。梅纳塞尔小说的人物朱迪斯·卡茨(Judith Katz)讲授关于特里斯舛对自己出生历程的描述,尝试从自己的出生开始回退,一直退回到摇篮。对爱着朱迪斯的黑格尔学派的哲学家利奥·辛格(Leo Singer)而言,这是个去写作《逆精神现象学》(*Phänomenologie der Entgeisterung*)的良机,也是把黑格尔现象学颠倒过来的机会,更是把它从后往前读的好机会。借助现代航空学的术语:推力逆转(Schubumkehr,用于大型客机倒车的技术),梅纳塞尔来以此为他的这部小说命名,以突出其中不可置疑的逆向转化和反向推动的意思。黑格尔或许也会欣然地阅读梅纳塞尔所描绘的富于教育意义的、通向斯特恩的世界的感伤之旅,带着热情去阅读这部《逆精神现象学》三部曲,这三部曲的三个部分分别是"极乐时代或易碎的世界"、"感性确定性"和"推力逆转"。众所周知的是,黑格尔非常喜爱"圆圈"这一隐喻,在其中上升之路即是下降到大地,进入摇篮。

在一次和辛格的对话中,朱迪斯怀疑地大声抱怨:"利奥,今天能别再谈黑格尔大师了吗?"对此,利奥回答:"起点和终点已经成为同一了的,我们也已回到了开端,这意味着我们其实到了终点。"或者换句话说,我们处在一个位于遥远的巴西的一家辛格所拥有的酒馆的中心了,这家酒馆有个很有特色的名字"每个人梦想的酒吧"。在那儿您可能任何时候都会碰上利奥·辛格,伸出食指指着您大喊:"您下地狱吧!跟所有康德主义者、分析哲学家和假先知们一道下地狱去吧!然后调转方向!骑上那匹堂吉诃德的驽马,去找搞笑世界的幻想航班,去找新的堂吉诃德！登上愚人船！跟着巴斯克维尔的威廉！去读他找到的亚里士多德《诗学》(*Poetics*)的第二卷！最后到达项狄的幽默，享受放声大笑！去读黑格尔和斯特恩！"

（徐贤樑　译）

第八篇

形象和概念
——黑格尔论"语言"概念对"语言"表象的扬弃

哲学家以创作来认识，并且以认知来创作。

哲学是以概念方式呈现的诗歌艺术。

弗里德里希·尼采

"即使没有黑格尔这个人，那么我们德国人也都是黑格尔的信徒。"[1]即便人们将尼采对黑格尔的这番评价看成是一种确凿无疑的褒奖——众所周知，尼采是极少对黑格尔表现出友善一面的——这其中也产生出了歧义。"我们是黑格尔主义者"或"我们确知我们是黑格尔主义者"，这二者有着重大区别。按照黑格尔的教诲，我们究竟是作为思维着的存在抑或我们也知道我们自身确实是思维的存在，这是个急需要做出的区分。毫无疑问，前者在任何情况下都绝对是真的，而后者却不尽然——唯有当我们将自身提升到纯思的程度，被认识到的存在才会取代无意识的存在。[2] 至此人们已然接触到这个论题的核心了，即隐喻活动与思维活动的关系，或者以黑格尔的术语来表述：表象和概念间的关系。

对深入思考如下相关的问题域而言，以黑格尔与尼采之间的对峙

1　Friedrich Nietzsche, *Die fröhliche Wissenschaft*, KSA 3, S. 599.
2　Hegel, *Enzyklopädie*, TWA Bd. 10, S. 284.

为切入点无疑是一种非常富有成效的方法，这些领域是：一方面是哲学与文学的关联，另一方面是哲学与宗教的关联、逻辑思辨和隐喻性表达的关系、论证与叙述间的关系，以及形象性的认知和推理式认识间的关系。对哲学而言，诸如表现形式，如何表达以及言说方式等问题其实都是最核心的挑战，而非仅仅是事物的外观或者外在装饰。在这个问题上，黑格尔追随了康德，后者在他著名的论文《论哲学中一种新近升高的口吻》("Von einem neuerdings erhobenen vornehmen Ton in der Philosophie")里清晰地表达了这样一个观点："事物的本质就在于形式……这是就该理性能认识形式而言。"[1] 因而，这就关涉以下问题：是否有可能在文学，确切地说是，宗教文本与哲学文本间做出区分；是否有可能区分出不同的形式或"话语"，在这些不同的表达方式间是否有可能相互转化或相互翻译；是否存在着过渡性质的或混合性的形式。在神话和文学文本中，概念的运用呈现出怎样的一番风貌，而在哲学论证之中隐喻性的表达看起来究竟又是怎么样的？现在就以桥梁这个形象为例，使这些问题直观化地体现出来：（1）人们能将这两个面相理解为不同的两个桥头吗？（2）是否真的存在这样一个过渡，这个过渡是单向的还是双向的？（3）哪一种文本类型是必须保留在这个过渡桥上的？

黑格尔与作为哲学上反讽传统奠基人的尼采？
——罗蒂和文化的文学化

如果从黑格尔的视角来看，那尼采便是现代怀疑主义（皮浪主义的复活）的先驱。得出这一结论有何根据？一些 20 世纪知名人物，如利科（Paul Ricoeur）、德里达、罗蒂等，再次将文学和哲学这两种传统文类间

---

[1] Immanuel Kant: *Von einem neuerdings erhobenen vornehmen Ton in der Philosophie*, AA 8, S. 404, 本书部分译文参照：康德，《康德道德哲学文集》，李秋零译，人民大学出版社，2016 年。

第八篇　形象和概念

的差异带入人们的视野，并且对这一泾渭分明的界限持一种批判态度，他们揭示出，这方面的研究不可能绕开尼采和黑格尔。在这里让我们先接触一下黑格尔对有关问题的思考[1]，不过要注意，情况在尼采那里也很类似，在其出版发表的言论之内就有各种分歧。单就尼采而论，最终只涉及这些残篇：《1872年夏季—1873年初讲稿》(*Fragmenten Sommer 1872-Anfang 1873*)[2]。对于探问和分析文学-神话文本与哲学文本各自的状况和地位问题之前，让我们对康德与黑格尔做一番简要的回顾：他们自身就面临着不同文本形式间相互僭越与相互混合的问题。在上文提到的文本中，康德已然坚决地拒斥了一切将"各种审美表象"引入到哲学中的尝试，哲学的目的只在于"用清晰的概念和以分明逻辑的形式阐明事情"[3]。那位柯尼斯堡的哲学家（康德）直接挑战那一类声称神谕的哲学，那类哲学"以一种独一无二的敏锐洞察力能一下子把握到对象的内在本质"，但康德却以接续由亚里士多德所开创的哲学工作为己任，亚里士多德规定的哲学是以认识能力为基础，通过概念去把握知识，将推论工作作为其特征，为了在认识上取得进步，必须进行艰辛的攀登："哲学是自我认识的艰苦卓绝的工作"，它必须证明自身地位的正当性，"以便能对自己所作出的真理的宣称提供保证"[4]。幻想家既不能使别人理解他们的想法，也不能表达它们；他强调一种神秘体验，要从概念式思维突进到不可思议之方式，即向着信仰的飞跃，需要不借助概念的直接把握，然而这种方式却无法形成真正的认识，它所能形成的只是一种被称之为"超自然的启示"或者"神秘的醒悟的东西"，即一种只是简单经验的替代物。由于这种方式无法提供有力的证明，因此在论证中不得

1　在亚历山大·洪堡基金支持的研究计划"隐喻与概念——文学和哲学"（R.T. 格雷［R.T. Gray］和克劳斯·费维克编）的框架下，这一问题域会得到进一步的展开。
2　Friedrich Nietzsche, KSA 7, S. 417-450.
3　Immanuel Kant, *Von einem neuerdings erhobenen vornehmen Ton in der Philosophie*, AA 8, S. 405.
4　Ebd., S. 395.

不使用类比、隐喻性表达和"或然性"之类的手法。[1] 这种将诗意哲学化的建议就好比是强求"一个商人将来不再用叙述式的方式记账，而是用诗体来写他的账本"。[2] 黑格尔完全同意康德的这一关于形式、关于哲学表达方式的批判，而这主要是针对雅各比的；黑格尔本人还颇具争辩意味地评论说，雅各比是在把康德哲学的概念的形式改造成渴慕上帝的诗歌的形式。[3] 在这里我们还应回想起黑格尔对施莱格尔"先验诗"的分析和研究。在浪漫派施莱格尔看来，"哲学如何表达"这一问题的解决方案就在于"哲学化的诗或者诗化的哲学"，而黑格尔坚持在诗歌和哲学间存在着一条明确的界限。[4]

令人吃惊的是，在 20 世纪出现了相似的情况，即文学、宗教和哲学三种不同言说方式之间的关系结构成了焦点。为了清晰地显示出那因黑格尔而产生的疑难，我将着力阐述两种相互冲突的思路，在它们各自极端的片面性中其实都包含有些微的真理：从一方面看黑格尔被当作是一个基督教-欧洲的神智论者，而在另一方面他则被看成是一个反讽诗人。[5] 后一方面的评价来自罗蒂的《偶然、反讽与团结》(*Contingency Irony and Solidarity*)。但应当在此处逗留片刻，因为通过罗蒂所提出的

---

1 Immanuel Kant, *Von einem neuerdings erhobenen vornehmen Ton in der Philosophie*, AA 8, S. 398, 399.

2 Ebd., S. 406.

3 Hegel, "Jacobische Philosohie", In: *Glauben und Wissen*, TWA Bd.2, S. 387; Klaus Vieweg, "Himmlische Lyrik' und der offenbarungseid der Philosophe-Hegels Kritik an der Sprache der Jacobischen Unmittelbarkeitsphilosophie", In: *Skepsis und Freheit*, a.a.O.

4 此处参见 Novalis, *Schlegels Schriften als lyrische Philosopheme*, Novalis Werke Bd. 2, S. 462; Hegel, *Aphorismen aus Hegels Wastebook* (1803–06), TWA Bd.2, S. 559; Klaus Vieweg, "El gran teatro del mundo-Hegels Philosophie der Weltgeschichte als denkende Betrachtung Geschehens in vernünftiger, freiheitlicher und weltbürgerlicher Absicht", In: *Skepsis und Freiheit*, a.a.O.。

5 仅仅是第一眼，这就令人大吃一惊了，这也只是表面上的悖论，这使人回忆起《精神现象学》中贯穿始末的两个相互对立相互角逐的兄弟的模型：作为一种幸福意识的怀疑主义和作为一种苦恼意识的（基督）宗教，这一发展的模型最后超越了这样一双对抗性的阶段，信仰和纯粹识见，也超越了启蒙和迷信二者如此最大相径庭的形式达到了顶峰，"自身即绝对的知"。参见 Klaus Vieweg, *Der Übergang von der Religion zum absoluten Wissen in Hegels Phänomenologie*, 2006 年耶拿国际黑格尔大会论文。

令人吃惊的且无比激进的论题，这个问题的核心变得清晰了：在罗蒂看来，写作《精神现象学》时期的黑格尔是个强力哲学家，因为他是一个诗人，在对"诗人"的定义上罗蒂不同于传统的观点，他也反对改变的诗歌的门类，在他看来，诗人重新创造事物，发明全新的词汇。罗蒂认为，青年黑格尔已经创造了这种关于反讽的新范式并且开始了一种反讽哲学的传统，"这一传统在尼采、海德格尔和德里达那里得到了延续"。在罗蒂看来，尼采是第一个有意识地开始了黑格尔自己未意识到的工作的人。[1] 尼采明确地说道："哲学家以创作来认识，并以思维来创作。"[2] 当形而上学家们设定论证和逻辑之时，罗蒂认为，反讽作家则坚持认为新奇的写作，坚持采用新词汇来进行创作实验，并用文学的机巧和一种文学批判来代替逻辑的论证。参照罗蒂对黑格尔的界定：用文学上的新颖叙述代替了论证，用反讽作家和怀疑主义者的身份代替了逻辑学家，黑格尔成了哲学中认识论和形而上学元素的批判者，是尼采与德里达的先驱——我们可能会觉得他读错了书，搞混了黑格尔与施莱格尔。最起码罗蒂忽略了《精神现象学》中相当关键的一步，即表象与概念、形象-隐喻式表达与领会着的思维间的关系，而这一步对本文讨论的问题来说至关重要。然而，罗蒂对文学、隐喻以及叙述的评价还是从间接的方面对黑格尔做出了精当的评价。首先，罗蒂批评还原主义-实证主义式的对隐喻的理解，而且黑格尔同样反对由维也纳学派所提出的"观察语句的观念"（Protokoll-Sätze-Konzepts）——在这一理论中，隐喻式表达被认为对哲学来说无关紧要。对黑格尔而言，缺乏对形象化表达必要的超越，欠缺从表象向概念的转换就没有哲学。其次，黑格尔也反对那同样为罗蒂所拒斥的"浪漫主义-扩张主义"（romantisch-expansionistische）见解，在这种见解中，字面意义是无关紧要、陌生的、神秘的或者无法把

---

[1] Richard Rorty, *Ironie, Kontingenz und Solidarität*, Frankfurt, 1995, S. 35–56, 135–141, 170–171.
[2] Friedrich Nietzsche, KSA 7, S. 439.

握的。以下为对其核心观点的总结：

1. 诗歌的文本类型被极大地拓展了。只有所谓的反讽的方式才被认为是真正的哲学，在其中"反讽理论"（ironistischen Theorie）取代了采用矛盾修辞法的"先验诗"概念。正如在诺瓦利斯和海德格尔那里，诗歌作为一种更为可靠的媒介，起到了对抗逻辑论证的效果。[1]

2. 罗蒂指出，尼采正是这种全新的文学化（文学的文化，尼采称之为"艺术文化"）的缔造者之一[2]，这种文学化的时代不再具有，也不再需要宗教或哲学，在这个时代中我们"不再将一切视为值得敬拜的"，"不再将一切视为神圣的"[3]。以直觉行事的人发明了隐喻，发明了作为塑造文化的艺术家的世界，在这个世界中艺术理应要求占据整个生命。[4] 上帝与哲学死了，暂时性与偶然性取而代之并长存不灭。

对真理的取消和企图将文学与论证相结合的尝试，将哲学描绘为"操持概念的诗艺"[5]，以上这二者无意间暴露了这种思想的源头，透露出显现物、现象、外观等观念的先祖：皮浪的怀疑主义及其核心观点"人从来不论证，只是叙述性地汇报了此时此地偶然呈现给他的东西"[6]。一切认识之根基是幻想，我们从一个表象摇摆到另一个。如蒙田所言，真理和谎言都有着相同的面容，我们的肉眼并不能看出二者之差别。[7] 按照尼采的看法，一切生命停留于假象（外观）、幻觉、谬误和视角性。"当我们说树、颜色、雪和花时，我们自以为我们知道有关事物本身的某些事情，而实际上我们所拥有的只是关于事物的隐喻——与原初本质性全然

1　Richard Rorty, *Ironie Kontingenz und Solidarität*, Frankfurt, 1995, S. 180.
2　Friedrich Nietzsche, KSA 7, S. 427.
3　Richard Rorty, *Ironie, Kontingenz und Solidarität*, Frankfurt, 1995, S. 180.
4　哈罗德·布鲁姆称之为"文学文化"。（同上，第 50，136–141 页。）
5　Friedrich Nietzsche, KSA 7, S. 439.
6　参见 Sextus Empiricus, PH I, 4。
7　Michel de Montaigne, *Essais*, II, 1, S. 11; II, 12, S. 366.

不相符合的隐喻。"[1] "我们只得忍受固执呆板的必然性，我们在哪里都无法超越表象。"[2]

皮浪的表达方式首先被视为介于论证和形象化之间的混合形式：怀疑之措辞、生动呈现、叙述、譬喻和作为文学-哲学结合实验的随笔。但黑格尔却将自己的《精神现象学》理解为毫无含混之处的表达，理解为对怀疑主义的扬弃，也即怀疑主义的真正实现，这些不止体现在内容上，也体现在形式，即怀疑主义的特定话语之上。因而对黑格尔而言，反讽乃是怀疑的现代变种，同怀疑一样，反讽也是要被扬弃的。黑格尔表明自己是对整个怀疑-反讽传统最为睿智和最有成效的批评者，并且坚持论证、论述、效用和知识，在一种新的方式中他确立了以概念来思维的合法性，这种方法在根本上完全不同于传统形而上学的原先的概念，我们不能简单地将黑格尔与那些传统的形而上学老古董们混为一谈。

黑格尔是逻辑学家和西方形而上学的完成者？
——德里达与"白色神话"

德里达则从另一个方面开始了自己的工作，他将黑格尔刻画为一个逻辑学家和用逻辑思维来碾碎一切丰富多彩之物的集大成者，整个西方形而上学以及基督教本体-神学的完成者和一个打上欧洲中心主义烙印的基督教神智论者，表达了形而上学的终极形态——这完全是20世纪思想家对黑格尔的一套陈词滥调，就算德里达不间断地重复这些观点也并不能发挥什么成效，我们对此只是张大嘴打着呵欠，以表现无聊。洛夫-佩特·霍斯特曼（Rolf-Peter Horstmann）已经指出，其实不光是尼采，而且黑格尔也能被视为"欧洲传统形而上学的批评者"。[3] 德里达认

1　Friedrich Nietzsche, KSA 7, S. 439.
2　Friedrich Nietzsche, KSA 1, S. 879.
3　Horstmann, *Metaphysikkritik bei Hegel und Nietzsche*, a.a.O., bes. S. 287.

为，黑格尔虽然是一个逻各斯中心主义者，但他的哲学同样是末世论和基督再临在本体-神学中的展开。[1] 德里达进一步强调，他自己尝试"重新确立哲学与文学间的传统区分，并且想要在这种区分的基础上展开他的工作"。而另一方面，他强调，其实自己并未说过，"哲学是文学的一种类型"[2]。因而出现了这样一种困境，这一进退维谷的情况蒙田早已认识到了，即对怀疑主义者而言出路就是去设法找到一种全新的语言。尼采以相似的方式来造反：哲学"陷入到了语言之网中"[3]。德里达亦是要求一种如此这般的全新词汇，例如，隐喻与概念间明显的对峙一定得被一种与二者不同的新的关系所取代，因为隐喻是一种带着形而上学烙印的概念，运用隐喻就意味着对传统游戏规则的接纳，或者说接受了论证的方式。受限于这样一个敏锐的观察角度，德里达做出了如下论断：哪怕尼采自己有意识地运用的方法论——将隐喻普遍化——同样没能逃出概念思维的陷阱。因而德里达坚称，这些"边界"原则上一定要不断推移改变的，且首先形而上学必须被揭下它那"白色神话"的面具。对形而上学而言，应当剥夺推论性论证的要求并且形而上学要被当文学-神话的文本来阅读。"白人"在其形而上学中拥有一套自己独一无二的印欧神话学；理性、逻各斯就是它的神话："形而上学在其自身之中有着传奇般的舞台，它产生于这个舞台且这个舞台仍然保持着活力和生机。形而上学是用白色墨水绘制的看不见的图像，它被隐藏在羊皮纸里并消隐了自身。"[4]

且不论形式上存在着多么细微的差别，罗蒂的反讽和德里达的解

---

1 Jacques Derrida, *Der Schacht und die Pyramide. Einführung in die Hegelsche Semiologie*, In: *Randgänge der Philosophie*, Hrsg. v. Peter Engelmann, Wien, 1988, S. 86, 94–95, 102, 106–107.

2 Jacques Derrida, *Interview*, In: *Französische Philosophen im Gespräch*, Hrsg. v. Florian Rötzer, München, 1987, S. 79–80.

3 Friedrich Nietzsche, KSA 7, S. 463, 引文的着重号是本文作者所加。

4 Jacques Derrida, *Die weiße Mythologie. Die Metapher im philosophischen Text*, In: *Randgänge der Philosophie*, a.a.O., S. 209–210.

构都紧紧追随着同一个目标：限制哲学论证-概念式的要求，或者将哲学文本归入到文学文本之中，确切地说，纳入到神话-宗教的文本之中，因而他们支持这类诗意的哲学命题，也赞同这类哲学性的诗歌，故此他们也将自己视为这座沟通文学和哲学之桥上的居民，视为蒂蒙、蒙田、施莱格尔、尼采等皮浪主义先驱的后继者，正是尼采打算设想出"一种全新的哲学-艺术家的类型"[1]。尼采所追求的是将自己的人生变成一件艺术品，将自己塑造为一个文学形象，但这个形象同时也是哲学家。[2]

其中有趣的是德里达回过头来借重东方思想，将东方性视为比方和隐喻表达方式的起源。在这里他显然受益于黑格尔对东方性的理解。[3]但德里达建构了一种东方思想，这种东方思想原则上完全避开了逻各斯中心主义。康德已经描述说，膨胀的审美表象会令"以概念为基础的理性论证"蒙羞，因为它试图把理性转换成预感，转换成蒙着面纱的伊西斯女神[4]，或者换句话说，将理性再次东方化。黑格尔将欧洲的文化理解为知识的文化，而它源自对东方性的转化或者说对东方性的扬弃，而这种东方性的突出特点就是象征式的表达和隐喻式的表达。[5]

深井和金字塔
——德里达论黑格尔对表象的理解

在德里达那篇引人入胜的论文《深井和金字塔》(*Der Schacht und*

1　Friedrich Nietzsche, KSA 7, S. 431.
2　Alexander Nehamas, 引自 Rorty, *Ironie, Kontingenz und Solidarität*, a.a.O., S. 137。
3　出自 Kant, *Von einem neuerdings erhobenen vornehmen Ton in der Philosophie*, AA 8, S. 399。"使人们能够用幽灵做成自己想要的东西。"
4　Klaus Vieweg, "Die Modern-skeptische Kunst als Ende der Kunst-Die'Romantik'als Aufhebung von Symbolik und Klassik", "Pyrhon als der'Buddhist für Griechenland'——Orientlität und indischer Buddhismus aus der Sicht Hegels", In: *Skepsis und Freiheit*, a.a.O..
5　Derrida, *Der Schacht und die Pyramide*, a.a.O., S. 85-118, bes. 94 u. 104.

die Pyramide）中，他高度评价了黑格尔在阐明本文讨论的主题上的杰出贡献。德里达认为，黑格尔在《哲学百科全书》中对主观精神的思考是符号学方面的一大进步，为一种新的符号理论和语言学奠定了基础。[1]（此外：那些从分析哲学出发对黑格尔一无所知的人固执己见，他们认为，自己才是语言的唯一的代理人。）霍斯特曼强调，不止尼采，而且黑格尔就已经对语言在传统形而上学中"发挥的特殊功用"做了批判，黑格尔对传统形而上学的效用的诊断紧紧地与他的"语言哲学的思想"联系在一起。在这样一层紧密的联系中，霍斯特曼明确地指出，需要重点关注黑格尔思想中的表象问题。[2] 德里达以黑格尔文本中出现两个隐喻作为自己富于启发性的研究的标题，然而他的研究却局限在那些涉及哲学心理学的段落里，且因此同样忽视了对同样重要的文学、宗教和哲学之间关系的思考，因而将对客体性的追问放到了一边。德里达的研究仅仅把范围限定在形式方面，并且仅仅如此，尽管他援引了黑格尔如下的文本："将精神的本质或者内在性与具体的直观化之物如此这般的综合起来，对这一综合而言，幻想的构成物处处能被辨认出来；而幻想进一步得到规定的内容则属于其他领域。"幻想之内容其实和其本身彼此毫无关系。[3] 德里达批评了黑格尔此处探讨性的态度，但这个批评却未对黑格尔的关键性文本加以足够的重视。因而对《精神现象学》、《哲学百科全书》终章、《宗教哲学讲演录》和《美学讲演录》的重点关注和援引，对于检验黑格尔的整个计划纲领而言是绝对必不可少的，以便也同样把内容方面存在的问题，即那些形式的客观性，通过语言表达出来。

让我们把命题表达得更引人注目、更刺激鲜明一点：要这样来看待黑格尔的《精神现象学》：其不是向反讽的词汇的转换，不是持续变化的隐喻大军，不是《奥德赛》(*Odyssey*) 也不是《神义论》(*Theodicy*)，

1　Derrida, *Der Schacht und die Pyramide*, a.a.O., S. 85–118, bes. 94 u. 104.

2　Horstmann, *Metaphysikkritik bei Hegel und Nietzsche*, a.a.O., S. 287–292.

3　Hegel, *Enzyklopädie*, TWA Bd. 10, S. 268.

不是《格列佛游记》(The Voyage of Gulliver)也不是《约里克牧师的感伤之旅》，更不是《弗朗茨·施特恩巴尔德》(Franz Sternbald)，不是希佩尔的《攀升的人生历程》也不是对神圣历史或者耶稣基督生平的叙述。尽管黑格尔的《精神现象学》吸纳了所有这一切的形式并与这些形式都有着密切的关系，但在《精神现象学》最终也是最关键的转化中，它还是试图将神话-诗歌的内容及其形式转换为概念的语言。

作为扬弃的改写或翻译

对黑格尔而言，那些关联着诗歌文本和神话-宗教文本的范畴是表象。保罗·利科十分正确地指出，"表象"这个术语意味着"笼罩一切的星云"并且提醒人们牢记在不同哲学中表象有着不同的规定和意义。[1] 在黑格尔那里，"表象"一词的用法也需要被更加清晰地说明，为此我们万万不能忽视休谟、康德、莱因霍尔德（Reinhold）以及塞克斯都对黑格尔的影响。正如出现在《哲学百科全书》中"主观精神"诸章节（第387—482节）中对表象的特殊规定，这些规定在此并不需要被重构，因为我们能够发现，这些特殊规定其实本身是更高级的表象的语言，包含在艺术与宗教的形式里。尤其是从黑格尔对内容的高度重视（将这些关键性内容作为客观性），这证明了之前论断的合理性，艺术和宗教作为客观精神，为精神的继续发展铺平了道路，而二者必须在对自身的深入把握之中得到绝对的整体考虑。狭义上看，客观性的表现包含了黑格尔的自由哲学，而作为一种实践哲学的自由哲学，在所有支持审美表象论的人那里都是缺失的，这使得他们不得不回避或跳过有关内容的问题。人们并不能离开表象的领域，确切地说是隐喻的表达方式，所以很不巧，这听起来与那些关于"僵硬呆滞的、无法撼动的必然性"的陈词滥调，还有那些设定界限的心态相

---

[1] Paul Ricoeur, *Die lebendige Metapher*, München, 1986, S. 300.

类似，因而，这显然是倒退回旧形而上学和独断论之中。这正如希佩尔在对康德的切中要害的批评里所说的，"那个对人类说：'只要这么远，更远就不用了'的人，他就否定了自己的头脑"。[1]

首先，得对黑格尔所理解的表象的初步规定做一个预先的说明：表象处在感性-直观和概念之间，它代表了二者的中间点，处在二者之间，是二者的过渡，或者说乃是从直观所把握到的个别之物到概念所达到的普遍性的中介和传递。第一，表象是对普遍之物的形象化表达，同时也是将形象化之物以普遍的方式表达出来，是意义的直观化也是概念的隐喻式表达——人们能将其称之为内在的再现、内在的当下化。其次，表象涉及表现，它在图像化的意义上涉及对外的再现。最后，也是第三点，表象涉及将形象化之物以语言表达出来。[2] 语言给予表象以一个第二性的、比其直接性的定在更高级的定在，总而言之给予它们以一种在表象活动的领域里有效的实存。[3] 作为黑格尔所构想出的提升的阶次，表象在自身合乎逻辑的展开的进程中，被描绘为以下几个阶段：（1）意象（2）想象力或者幻想[4] 以及（3）记忆，在其中后者（记忆），创造了名称，记忆在其本质的"无形象性"中创造了从内在意象到自由的概念间的过渡。[5]

1　*Biographie des Königl. Geheimkriegsraths zu Königsberg Theodor Gottlieb von Hippel zum Theil von ihm selbst verfaßt* (Schlichtegrolls Nekrolog), Gotha, 1801, S. 294.
2　在英语中，除了翻译成"representation"以外，表象还被翻译为"ideation"这个词。
3　Hegel, *Enzyklopädie*, TWA Bd. 10, S. 271. 着重号为本文作者所加，此处的核心是黑格尔对"创造着符号的幻想"的深入思考。(Hegel, *Enzyklopädie*, TWA Bd. 10, S. 267ff.)
4　生产性想象力构成"艺术的形式"的方面，艺术是感性定在的，即形象的形式中表现真正普遍东西或理念。(同上，第267页。)
5　同上，第257—283页。对这个问题域，已经有了一些富于启发性的研究：Josef Simon, *Das Problem der Sprache bei Hegel*, Stuttgart/Berlin/Köln/Mainz 1966; Hans Friedrich Fulda, *Vom Gedächtnis zum Denken*, In: *Psychologie und Anthropologie oder Philosophie des Geistes*, hrsg. v. Franz Hespe und Burkhard Tuschling, Stuttgart, 1991; Klaus Düsing, *Hegels Theorie der Einbildungskraft*, a.a.O.; Dirk Stedcroth, *Hegels Philosophie des subjektiven Geistes*, Berlin, 2001; Jennifer Ann Bates: *Hegel's Theory of Imagination*, Albany, 2004; Kathleen Dow Magnus: *Hegel and the Symbolic Mediation of Spirit*, Albany, 2001.

首先黑格尔以极其具体的方式详细地描绘了在本文中被始终刻画为"过渡"的概念。它的核心在于被规定的否定，在于超越，在于以概念形式扬弃表象形式，或用黑格尔的话说，在于保存、毁灭和提升三者之统一——就黑格尔而言，这种描绘毫不令人意外。限于篇幅，很多可以作为关键证据的选文我就不在此处列出了。我将通过特定的过渡的实例（确切来说，通过哲学扬弃宗教这一根本性维度）来考察黑格尔哲学中如何通过扬弃来得到规定性。

保　持

首先，这个词有两个关键意义，其一是去保存某物（aufbewahren），其次是"保持"（Bewahren），因为保持里包含着德语小词"真"（wahr），它也有了"确证真实"和"经受得住"的意义。黑格尔也将这个过程描绘为在表象和概念之间的"来来往往"[1]，一方面意味着：作为"迈向"概念表达的转折，这个过程越过了起到连接作用的桥梁，但直观化、感性化却也并没有被完全抛弃；另一方面，由于表象无法自己给出自身的合法性证明，因而也就无法完全达到普遍性的概念，从概念的角度来看，在确保表象表达方式的真实性的意义上，"经受得住"也就是一种绝对必要的"回退"。从表象中并不能推导出足够的有效性。既然真理对相对主义者来说只是幻相，那么在严格意义上，除去虚无本身，他们又该如何保持某一事物呢？既然相对主义者的证明仅出自一种既不允许断裂，也不允许保存的狂放不羁的创造力，那么他们岂不是必须把他们所察觉到的（也就是他们所确证的）一切都抛进虚无的深渊中去吗？他单单却忘记了，他自己所做出的神圣的陈述：一切认识是相对的，这一陈述也并非金科玉律，而只能起到相对的效果；由是，另一个陈述：一切

---

[1] Hegel, *Aphorismen über Nichtwissen und absolutes Wissen im Verhältnisse zur christlichen Glaubenserkenntnis* (Rezension), TWA Bd. 11, S. 378.

知识是绝对的,这个陈述也可以要求同等的效用。

对新形式持续不断的创造,施莱格尔称其为永恒的机敏、一种自我创造和自我毁灭之间恒常不变的转化,它表现为一种以断片形式出现的永久的先后序列;而在尼采那里,其则被描绘为对生命连续不断的形象化的表达,一种从一种可能性转变为另一种可能性的持续不断的跳跃,这种可能性只能给予暂时的确定性,一种言说。[1]在思想的内容变得漠不相关之地,审美主体漂浮于蕴藏着意象和表象的巨大且幽深的矿井之上,既唤起又同时摧毁这些形象[2]。要把"审美价值"[3]提升为唯一有效性,就需要强调想象力那无拘无束的能力,需要将自由的想象力完全发挥出来并且超越了普遍性的第一种形式:储藏了无穷多意象的、沉睡于内在性的黑夜中的、无意识的矿井。在这种普遍性中,所有的差别都还停留在潜在的可能性阶段,所有规定性都还没有被分离地设定起来。在想象中,意识所储备的意象能被充分利用,意象被再现出来,自由地联结,并且被归并到一个被规定的内容之下,通过被归并到这个被规定的内容之下,所有对象在经验性的关系中各种各样的规定性都被瓦解了,对象在经验中的特征都无须考虑——这是对内在意象的普遍化,是普遍性与个别性的统一。但按照黑格尔的说法,幻想产物的内容属于"别的领域",在这里这个内部工厂只能按照那些抽象的成分来理解。[4]黑格尔指出,概念指明了被神话-诗歌的幻想创造出的符号和名称的意义,在此意义上,感性之物和直观之物被保存为一种被规定的意义,才被确切地承认为绝对之物,而不仅仅是被耗尽了之物或陈旧不堪的木乃伊。

对于特殊性和普遍性间的联结,"保留"是不可或缺的,它作为一

---

1 Friedrich Nietzsche, KSA 7, S. 443.
2 Hegel, *Enzyklopädie*, TWA Bd. 10, S. 260–261.
3 Friedrich Nietzsche, KSA 7, S. 430.
4 Hegel, *Enzyklopädie*, TWA Bd. 10, S. 268.

种思想中的综合而激活了表象的内容。个别之物将自身设定为普遍之物、神圣之物，并因而发现自己其实是扬弃了自身特殊性的普遍之物。当表象将理想固定下来时，它表达出了真实的内容。"自我"将自身理解为经验性之物、特殊性之物、相对性之物、有限物，但同时也理解为思维之物、神性的自我，自我意识因而乃是神的意识，而神的意识也就是自我意识。对"自我"这个术语的运用已经预设一种思想-逻辑的构想，这一构想最迟自大卫·休谟以来就被大家普遍接受了。谁不要神的意识，不要对绝对的思维或是对真的思维（也就是内容），谁就被困在自己那有所欠缺的意识里，即停滞在空洞的"我"的意识中，沉溺在作为一连串表象的自我之中（休谟）。这样表现为感觉束的自我只能产生一系列意象，不能建立有意义的话语。

　　黑格尔用"工作日"和"礼拜日"——有限的生活和更高的、精神的生活——这一对隐喻来表现绝对性与相对性间的重要关联[1]，他也使用了基督教中伊甸园里的生命之树和知识之树的譬喻：作为有限的和有死的造物，人不被允许吃生命之树的果实；虽然同样被禁止吃知识之树的果实，人却并没有听从这一禁令。[2] 在由个别性到特殊性，再到普遍性，实现三者之统一，这一哲学的概念化过程中，被表象的内容（包括了感性之物，直观之物）有其位置，而且实际上表象正是由于概念化才获得了自身的有效性。

　　在宗教中，精神达到了作为内容本身的绝对内容，而在精神的完满之中，个别的环节自身已然回到了自身的根据——或者换句话说，隐喻不仅仅装饰或者修辞，就如同在宗教中一样，人们在艺术中传达了其本质，将绝对呈现于当前；在黑格尔那里，艺术、宗教和哲学形成了著名的绝对精神的呈现形式，这三者皆以不同的形式创造了真理，但

---

[1] Hegel, *Vorlesungen über die Ästhetik*, TWA Bd. 13, S. 80-81.

[2] Hegel, *Enzyklopädie*, TWA Bd. 10, § 24.

又在表达形式中形成了相互间的区别。三种形式中没有一种形式会消逝，也没有任何一种形式会为另一种形式所消解。至于宗教与哲学间的关联、神性与绝对间的不同层次，黑格尔研究了两种对自己思想截然不同的攻击，这两种全然相异的意见恰好与罗蒂和德里达对黑格尔的批评类似。其中第一种攻击来自宗教，它批评黑格尔思想中太少上帝，而太多概念。[1] 令人惊奇的是，黑格尔不仅被他的拥趸，而且还被他的反对者推选为替宗教撰写死亡讣告的草拟人，认定黑格尔是个无神论者，是逻辑主义的代言人。而第二种批评则来自那些毫无虔敬之心的指责，与前一种看法截然不同，他们将黑格尔的思想揣测为泛神论，其中有太多上帝——黑格尔被看成本体-神学家，或者是在这个无可阻挡的世俗化时代中神智主义的庞然大物、是这个理想主义接近崩溃的时代中过时的精神鸦片的贩卖者，或者是"诡计多端的神学家"、被当作奴隶的意识形态的先驱，而这种奴隶的意识形态特指已然半身瘫痪的基督教，即新教。[2]

但这两种对黑格尔的批评却完全错失了事情本身：宗教性表面上的衰落和宗教本身愈发严重的肤浅化实际上根植于对概念式思维的排斥，根植于对真实的普遍性的放弃——这可能才是黑格尔最令人惊叹的洞见。艺术和宗教是两种认识方式，但一旦其降低为感觉和幻想，二者也就脱离了概念把握，消解为纯然的隐喻，它只能自己想象自己，从而变成狂热盲目的信仰，变成黑格尔所言的原教旨主义。[3] 与之相应的诸多关键词都强调了在根本上的不可认知性、不可理解性、不可交流性，以及思维的有限性——也就是说，绝对或真理要么是不存在的，要么是无法被思

---

1 Hegel, *Enzyklopädie*, TWA Bd. 10, S. 380ff.
2 Friedrich Nietzsche, *Der Antichrist*, KSA 6, 176. 在这个文本中德国观念论（图宾根的教会）完全被理解（误解）为一种"诡诈的神学"。
3 Hegel, *Phänomenologie des Geistes*, TWA Bd. 3, S. 560ff.

维的。黑格尔在其《柏林大学开讲辞》("Berliner Antrittsvorlesung")中就描绘了一种哲学上的空疏浅薄，它们持这样一种论调"上帝、世界和精神的本质，乃是一个不可把握不可认知的东西……知识不能涉及绝对和上帝的本性"，甚至是"只有那不真的、有时间性的和变幻不居的东西才能够享受被知晓的权利……不去认识真理，只去认识那表面的有时间性的偶然的东西，只去认识虚妄的东西，这种虚浮习气在哲学里已经广泛地造成……甚至还加以大吹大擂"[1]。概念思维不仅给予了宗教性表象以合法性，也确证了它们的真实性——诚然，这里指的表象既不只是那些被挑选出的一部分宗教表象，也不是那些用来训诫人们放弃思维从而证明自身合理的表象——诸如"我们的主揭示出……""我们的主命令道……"等等套话中。在黑格尔的理解里，艺术和宗教在现代的社会中成为自由的，也就是说，在自由概念的庇护之下，任何一个人都能创造出属于自己的表象世界，能够创造出绝对的形象，但同时这却不是在全然任性的旗帜之下，这种全然的任性在今天非常清楚地显示出灾难般的结果。

关于神圣性的遗产（即所有人在信仰面前都是平等的，因而所有人都是同样自由的）的表象就其自身而言是难以令人信服的，它只有在法律赋予一切人以平等地位（及其制度化）这一现代观念中才能得到实现。德里达提到，国家概念来源于形而上学传统正因如此应当将这个概念加以废除。因此，德里达加入到提倡废除国家或取消国家这一论点的阵营中，并成了著名的代表。[2] 在这个关键点，可以很清楚地看到，皮浪正是这一思想的来源。蒙田在他对法权和法则的抨击中有如下语句："没有什么像法律那样有着这么的广且深的缺陷。"并且在他所臆想的通过拯救个别性来对抗所谓的普遍性、法则或国家的暴政的方案中，他对

---

[1] Hegel, *Enzyklopädie*, TWA Bd. 10, S. 402-403.
[2] Derrida, *Interview*, a.a.O., S. 77.

整个实践哲学领域选用了一种完全没法维持下去的图像："什么脚穿什么鞋。"[1]

按照基督教传统里关于神创造世界的这一表象，我们可以进一步隐约见到对"保存"概念的更多的规定性：创造首先意味着上帝或造物主的直接存在、自在存在与神的实体性。在上帝那里，被明确意识到的内容被设想为是简单的自身联系，是作为简单性的自身关联，或者换句话说，"祂仅仅存在着"。作为思维根本环节的直接性在此处将自己突出表现为表象的核心范畴。同时神性之物在其创造活动之中，在其自我显示中始终保持同一，此外，祂也自己产生自己的外观、对象性和规定性，这不仅是"存在着"，还是"如何存在"。历史性之物和永恒之间的联系产生于宗教表象，这一关联异常重要，神圣历史不是纯粹的虚构，而是现实的历史，是人类之必然的、永恒的实现。对实体性内涵的这一把握因此反对彻底的任意性的立场，以对抗所有的相对主义。天命或者神义论，尽管也处在单一形式中，却包含了一种如此这般的普遍之物的思想。

确切地说，绝对并不仅仅在概念中保持自身之本质，思想也不是抽象内容的形式，逻辑也不是思想的枯燥无味的可能性，并不是创世之前的上帝，上帝也不是神秘的、不可见的和玄妙莫测的；相反，绝对将自身显示为自己的他者。尤其是艺术和宗教（作为重新回到感性形式的"反向转向"过程），创造出了意象和表象，没有这些意象和表象精神便不能显示自己，不能"出现在眼前"（Vor-die-Augen-Stellen）。这里可以看出黑格尔对隐喻高度的重视，甚至是高度评价，隐喻能够通过感性的扩展使某些事物的意义变得清楚明白，使这些意义得到加强，使之变得引人注目，比如说"悲伤"这一概念可以用"眼泪"、"泪流"、"泪海"

---

[1] Michel de Montaigne, *Essais*, III, 13, S. 381 und III, 13, S. 441.

甚或是"'泪如雨下'去使之形象化，各种各样的对象也可以在比喻和类比里建立关联"[1]。类比性的表现能赋予思想以生气，而从概念反向过渡到诸表象，即"诸概念的感性化"（康德、荷尔德林）使得"不带幻想"的概念获得了直观性和可表达性，从而敞开了一个具有无限多样和丰富的表象或者意象世界。尼采用"幻想之翼的振动"这一形象来比喻"对相似性的迅速表达"[2]。按照黑格尔的说法，隐喻以一种令人印象深刻的方式赋予外在之物、对象性之物以精神性并且因而将其从纯粹的外在性中解放出来。在表象中、在隐喻的表达中、在想象中，蕴含着一种创造全新的、令人惊奇的组合的力量，蕴含着构建崭新意义的力量。

上文对"保留"的诸多特定意义的分析和讨论有助于我们理解表象与概念间的关系。参照这些观点和例子，下面我将进展到扬弃的第二个环节：毁灭。

毁灭作为对片面性的解放

这一节仍然关注上文提到的那些相同的规定，它们对保留而言在很大程度上可以视为是肯定意义的方面：内容、直接性、历史性、单一环节间的联系、显现。但现在我要揭示出内在于其肯定性中的否定性。德语词语"毁灭"（Zugrunde-gehen，走向-根据）包含了破坏，也有着迈向其根据的意思，耶稣受难日和复活节是共属一体的，而无法规定也正是一种规定性。

黑格尔自己的一个例子应该可以说明问题，其表现了那种实情本身，在这里涉及的就是：把握。德语"把握"（Begreifen）这个词原初意味着将一种完全是感性的内容把握住，并使这种内容转化为了一种智性上的意义。由于这种转换，语词和意义不再相互区分。意象，确切地说

---

1 Hegel, *Vorlesungen über die Ästhetik*, TWA Bd. 13, S. 516–519.
2 Friedrich Nietzsche, KSA 7, S. 443.

语词不再仅仅是一种具体的、绘画式的描摹性的直观，而是直接关联到抽象的意义上。在听到这些语词的时候，没人想到用手来抓取这些语词的感性外观。这一丧失原初的感性意义的过程（并非放弃了整个感性领域）是语言获得生命的典型历程。这一过程发生在语言的使用与习惯化之中[1]，只不过当概念摆脱意象时，免不了要经历一番艰苦的挣扎。[2] 进入绝对知识的领域，这意味着艰苦卓绝的创造，从而将事物以概念的方式呈现出来。如尼采所说，语言并非是一蹴而就的，而是"经历无数漫长日月的逻辑的产物"[3]。

卡尔·罗森克朗茨指出，黑格尔首先在耶拿时代就已经认识到表象这种形式并不适于纯粹思维，而"所有的表象活动"都无法达到"精神"概念。众所周知的是，在著名的以《神圣的三位一体》(Fragment vom Göttlichen Dreieck) 为题的残篇中，黑格尔挨个实验了数学、几何学、诗歌与神话-宗教的表象形式。[4]

语言因而不仅包含着对诸意象的收集，任何一种语言，如让·保尔所言，都是一种神乎其技的隐喻——而在考虑到与精神性的关联之时，是一部关于褪色隐喻的字典。"正如在书写中，象形文字早于拼音文字，在言说中，隐喻也早于语词，随后隐喻逐渐简化为实际的表达。"让·保尔在《美学入门》的文本中将隐喻的特性刻画为"精神的感性转化"，并且将隐喻与着色、开花和馥郁联系起来，但其始终与精神性之物保持密切的关联——让·保尔常谈到"精神的色彩"和"绽放着的精神"。[5] 黑格尔，这位让·保尔忠实的倾慕者，在将哲学表述为"灰色中的灰色"这个著名的意象时，很可能参考了让·保尔的这篇文章，并借

1　Hegel, *Vorlesungen über die Ästhetik*, TWA Bd. 13, S. 518-519.
2　Hegel, *Vorlesungen über die Ästhetik*, TWA Bd. 11, S. 378.
3　Friedrich Nietzsche KSA 7, S. 457, 着重号为本文作者所加。
4　Hegel, *Rosenkranz's Bericht über das Fragment vom göttlichen Dreieck*, TWA Bd. 2, S. 534-539.
5　Jean Paul, *Vorschule*, a.a.O., S. 184ff.

"灰色中的灰色"暗示了真正意义上的抽象性，暗示了摧毁直接感性之物的意图，以及对逻辑之物的特殊的圣象破坏运动。这个过渡是一个关键点，它是一种语言对另一种语言的代替，是对表象形式的扬弃；若没有这个过渡，真正意义上的普遍性便是遥不可及的。因此宗教式的（表象化）表达方式必须被取代、被超越。这一论题针对片面性与表象活动之界限，而表象活动只呈现一种综合性的联结，没有真正达到感性之物与精神之物的统一、特殊之物和普遍之物的统一。表象永恒摇摆于极端之间，这是真正意义上的"过-渡"，并不能完全与直接的、感性的对象性划清界限，不能完全与孤立的个别性划清界限。

诗歌语言和哲学论证间的差异已然有所动摇，但保罗·利科在对这种差异的坚持中令人信服地指出，尽管在这两种形式中只存在着微小的不同，但同时这种差异仍然是存在的和有待规定的。思辨的思维可能运用隐喻，以此来搭建起通向"事情"的道路，在哲学论证的过程里这种可能性获得了自己的意义。如黑格尔所言，尽管宗教表达出了绝对的内容，但这也带来了一个问题：内容的分离，即该如何区别绝对的内容本身与属于表象的成分。[1] 属于宗教表象的内容是被给定的、直接的。众所周知，它们的存在完全是因为上帝的存在。但这直接的知识就其定义而言是排斥一切根据的，因为根据就是中介。直接知识被宣称、被担保、甚至被确信为无中介、无规定之物；但宗教同时被当作表象和存在之统一，即被规定的某物，被中介的某物，它出入于被设定的、不可达到的、无中介的根据与对根据之证成两个极端之间，是基于表象之维度难解的永恒之困境。在确信里，在信仰里和在纯粹的接受中只存在着表面的根据，即我抑或我们在意识之中直接找到的这个或那个。以此，通向任意性的方便之门被打开了，因为内容所缺的只是"被发现"这一合法

---

[1] Hegel, *Vorlesungen über die Philosophie der Religion*, TWA Bd. 16, S. 152.

性，所以任何意识到的内容都可以被宣布为是真理。在原则上去区分一种感性之物和非感性之物，人性之物和非人性之物，合法之物和非法之物都变得不可能了。

所予的神话已然牢牢地深入到哲学中了。其也证明了，表象恰恰并没有被彻底地超越。通过思维来把握绝对，来把握神，这是无法达到的，这才是这个论题的核心。于是人们选用了完全不同的办法，但以概念来把握的方式却被拒斥了，由此，跳跃的意象，向着信仰的飞跃的意象时常非常出名，但这个意象的洞见只是可能被受启示的人或天选者接受而已。秘仪的司祭只对"和他同样的行家，而非所有普通人"（普通人被当作是门外汉）有所言说，且带着"无须证明自身的优越地位"的统治者的语调。[1] 甚至连早期费希特为了推导出逻辑-体系的工作都明确宣称，他的知识学体系的第一原理既不需要证明也不需要规定，它应当是"到达"这里的——这不过是变相依赖于"发现"。而语言的表达采取了"叙述"的形式，事件被呈报出来。[2] 但是，当这种哲学话语的最要害与最敏感之处面临怀疑主义的批判时，它们便完全乱了阵脚，只能暴露自己那些关键的论证不过是独断的和没有根据的。

作为形式和对直接之物的表达方式，信仰因而在关系到内容与主体性之时仍然处在不自由的境地，而真理仍是一种异在的被给定的权威，启示依然在原则上是隐秘的、自身缺失的存在——它被大致表述为上帝无所不能的意愿，表达为圣父和圣子，表达为牧人和其羊群。创世显现为偶然性和外在性的进程。神与世界，此岸与彼岸处在分离之中，它们

---

[1] Immanuel Kant, *Von einem neuerdings erhobenen vornehmen Ton in der Philosophie*, AA 8, S. 398, S. 395; Klaus Vieweg, "Der junge Schelling über Realismus und Skeptizismus-Schelling Schulze-Kritik als ein Grund des Bruchs mit Hegel", " ungemeine Journalismus' der verrufenen 'Absoluten zu Jena'—Kritik, Skepsis und eine neue Theorie des wissens ", In: *Skepsis und Freiheit*, a.a.O.

[2] Johann Gottlieb Fichte, *Grundlage der gesamten Wissenschaftslehre*, GA I, 2, S. 91.

的整体关联缺乏必然性。创造行为要么被表现为一种对自然生命形成的类比，要么就只能当作为一个无法理解不可思议的决定。在第一种情形下人们耽于反思或者知性的规定，比如因果性；而在第二种情形：决定和天意中，虽然已经出现了普遍性的思维，但与此同时却刻意突出了不可思议的特点，在它被表达出来的时候，它也就马上再次被否定了。[1]

一切宗教性的表达都描绘了一个事件，一个故事，这些都是被叙述的，是历史之物、呈现之物。由于感性之物和精神之物间不充分之联系，对于神我们首先只是拥有了一个无规定的本质，只拥有了一个抽象的普遍性。为了赋予其规定，这就需要形象化的方式和叙述的方式。[2] 例如神被表象为圣父。但这种形象化依然是任意武断的，因为它与绝对并没有什么逻辑上的关联，我们也可以把这个抽象呈现为神圣的母亲、神圣的太阳或神圣的君主。

偶然性和非本质性有时候被褒奖为"开放性和多元化"，它靠自己来证明自己（我在我自己这里发现这个表象），这在形式的、认识论的层面上还不会引起太大的问题。但当这种草图、譬喻、单纯的相似性被用来与意欲中的东西（神圣的东西）相参照，以便获得指导人们行动的法则与标准时，马脚就露出来了。例如，杀人和说谎是否自身拥有合法性？

神的历史，应当作为现实的实体，却将自己呈现为一系列外在事件，一系列表象的具体形态——此处具体说来是基督教的想象，是太一的具体展开，是外在的时间相继。模糊性和事件、类比、叙述的多样性造成了许多的困难、不连贯性、不相干性和不做取舍；除了《圣经》，人们不必读别的诠释基督教的书：恶究竟是如何进入这个由全能全善的圣父所创造的世界之中的呢？而那些自相矛盾的，缺乏精神性的托词和

1　Hegel, *Vorlesungen über die Philosophie der Religion*, TWA Bd. 16, S. 144-145.

2　Ebd.

强行为之的解释都将这一切归于都是源出于受魔鬼引诱而"堕落"的意象，或者源于全能的上帝的愤怒。有关圣子以及所有基督徒的自由意志的问题显然会导致一个无法解决的二律背反。按照黑格尔的说法，圣子只有一个潜在的父亲和一个现实的母亲[1]，由此就产生了这样一个问题，即处女受孕。圣子的缺位，以及他的神性存在是与他在人间的存在格格不入的。在本质上表象活动进一步的缺陷在于，过去和未来的元素都被并入了事件与叙述之中，这与神所要求的永恒当前是背道而驰的。（对神圣事物的）这样一种历史性理解需要将非当下的元素包括进来，这无疑是把"神圣的"事件还原成了有限的东西。

个别性和普遍性、人性与神性，二者现实统一的和解与建立都只是外在的，个别性之满足本身仍然带有一种"远在彼岸与它对立的色彩"[2]。在苦恼意识中个人自己的和解被转移到遥远的未来，并由此出现了所谓的"最后的审判"，中保人所引导的和解反倒移入了久远的过去。当下是不可和解的，因而原则上无法达到自为存在，到达现实的自由。[3] 因而设想中的意象-隐喻之物的多样性，以及作为呈现方式的叙述，实际上排除了真正自主的可能性，即排除了依靠自己存在的可能性。黑格尔以自己的"当前原则"对抗了那些对永远达不到结果的计划的拥护，反对了那些推崇坏的无限性的代表，并对他们大声疾呼"这里就是罗得斯，就在这里跳吧"（*Hic Rhodus, hic saltus*），即如果你主张什么意见或者结论，那就要找到根据并于此时此地证明。不然这样的主张就没有建构性，只能停留在信仰中。

作为将对象性给予自身的神性之物，乃是显现物，表象的对象。意识不再与一个他物，而是与自身相关，并因而成了自我意识。在此显现

---

1 Hegel, *Phänomenologie des Geistes*, TWA Bd. 3, S. 550.
2 Ebd.
3 Ebd.

物处在表象、幻想的地位,在这种情形下,表象或者幻想以叙述作为自己的表达方式——它呈报了神性如何具体地展现出来。因而,自我意识虽然已经被理解为神的、绝对的意识,但其仍然限制在叙述、隐喻和比喻的形式中。它依然受限于事件的观念性和现实性的二重性中,它依然缺乏意识向着纯粹的、绝对的自我意识的最后回返,即向着概念回返。这些个别的环节依然处在意识形态的形式之中,处在单纯叙述性的聚合之中。这些神性之物的环节在联系上的外在性证明自身只是界限。事件中的众多单一环节间的关联以及叙述中(历史中)个别事件间的关联仍然是外在的、偶然的和任意的。(在面对这些表象时)有时候我们运用反思规定(尤其是因果性),有时候则运用想象力的各种特定产物。在经文中,基督教叙事里的各个特定事件同样是各自独立、漠不相关的个别性,并经常只靠"且"或"也"等连词相连,以体现无穷的智慧、全知、全善与全能。[1] 然而这些特殊的规定性并不存在于现实的统一性中,而仅是被聚集到一起,形成一个汇集着多样性的整体,形成一个由叙述拼合而成的聚合物。然后就出现了对力量或能力、表象能力、想象力、记忆力等等的一一列举。在这些环节间任何连续的、合乎逻辑的联系都不存在,也不存在大全的逻辑自我生成的过程。我们能谈论某一场面(Tableau),在其中,显现物是被摹写出来的,是被生动呈现出来的。[2] 这也是怀疑主义的重要表现方式,即在怀疑的幸福意识与宗教的苦恼意识间重新创造出一种亲近关系。最迟自西塞罗和康德起,生动呈现就作为图像化的表现形式,作为使当前直观化的手段,目的让人们具体地看到浮现在眼前的显现形式。显然,生动呈现性应当被理解为一种"明证"(evidentia),被理解为指涉那些显而易见、无须证明的事情。因而我们

---

1 参见,黑格尔论"也",Hegel, *Phänomenologie des Geistes*, TWA 3, S. 93-107。
2 参见 Rodolphe Gasché, *Überlegungen zum Begriff der Hypotypose bei Kant*, In: *Was heißt "Darstellen"?*, Hrsg. v. Christian L. Hart Nibbrig, Frankfurt, 1994, S. 152-174, bes. 159。

视生动呈现为表象的直接性，这一直接的方式，如我们所见，正是表象的最关键的特征。

在上面的分析中，个别性、特殊性和普遍性之统一在表象中并未达到，由于其摆荡不定使得表象自身变成了过渡、桥梁，但也因此被困在二律背反之中，限制在歧义性和模棱两可之中，在"非此即彼"之间摇摆。当反讽者施莱格尔谈到不可能性和一种完美表达之必然性时，他做出了上述卓越的描述。这种与之相应的中间形式、双面刻画，如怀疑式修辞、生动呈现、断片、箴言、随笔等均是由之发展出来的。在此我们需要再度考察一下前文中的主要例子：创世的表象。

不论是赞成黑格尔是一位基督教哲学家的人，还是尖锐地批评其哲学中暗含基督教因素的人，都会常常引用《逻辑学》中的一段文本："这个内容就是上帝的展示，展示出永恒本质中的上帝在创造自然和一个有限的精神以前是怎样的。"[1] 很多人甚至把这段隐喻当作其论断的基石。但他们忘了，黑格尔恰恰在此处有意识地选择了隐喻性的表达方式，而在另一些地方他则明确突出了表象这种方式的歧义性。而第二处关键的文本则是出自《哲学百科全书》，这处文本总是容易被遗忘，甚至被有意识地避而不谈：神性，永恒性"并不是存在于时间之前或时间之后，既不是存在于世界创造之前，也不是存在于世界毁灭之时，反之永恒性是绝对的现在，是既无'在前'也无'在后'的现时"。世界是被创造的，是现在被创造的，是永远被创造出来的……创造是绝对理念的活动。[2]

从无底的回忆之井中取出来的意象是如此多彩，将抽象之物形象化或将意象中的东西普遍化是那么诱人，这很可能会造成黑格尔所言的"表象的诱惑"这一恶果。通过将其推向纯粹的毁灭，推向暴烈的

1　Hegel, *Wissenschaft der Logik*, TWA Bd. 5, S. 44.
2　Hegel, *Enzyklopädie*, TWA Bd. 9, S. 26, 着重号由本书作者所加。

瓦解，"保留"就被抛弃掉了。德里达对"磨光了的硬币"这一隐喻的运用对于上述提到的情形是相当独特的，正暗示了上述说法。因为隐喻，尤其是"硬币"这个隐喻，是如此的模糊与片面，以至于我们根本不能根据它来完整地获得它所指向的事物本身。但如果我们只是片面地看待毁灭，只将毁灭当作纯粹的摧毁，那么毁灭——作为保留的必然结果——，就被弃之路旁了。上帝与基督既已死又没死这一观念被轻易地歪曲了，因为事实是我们在用概念来言说，而语言会将我们的看法，将我们想要说的和我们觉得无关紧要的东西颠倒过来。这里可以推荐去关注黑格尔《精神现象学》第一章那一经典的段落，这一段揭示了语言的一项神圣的性质，即它能够直接地把意谓颠倒过来。[1] 尼采同样为语言的这种能力而大加赞赏；他认为这是"最值得尊敬的逻辑运动"和"表现了人类创造逻辑的能力"[2]。

在绝对的形式中作为扬弃之提升

提升包含了保存和毁灭之统一，包含了对一种全新语言之建构，包含了作为走向本质根据的登高（Höher-Gehen）。这就达到了黑格尔对概念的理解，对概念式思维的理解，正如概念在《逻辑学》里不断展开的那样。此处采用了一些暗示，提升的含义影射了前文所分析的保存和毁灭，哲学设定概念以取代表象，用概念代替思想的隐喻，而表象的语言一定会被转化为概念的语言。这种形式补充了用哲学来认识真理这一根本的维度，借助表象向概念的转化，思想获得了对自身而言真正合适的表达方式，赢得了在自身要素之中对自己最切身的把握。而合乎理性的内容获得了对自身而言合适的形式，一种真的最高形式。我们不能把这种形式方面的转换理解为单纯的"点缀"或者"装饰物"一类的东西，

---

1 Hegel, *Phänomenologie des Geistes*, TWA Bd. 3, S. 92.
2 Friedrich Nietzsche, KSA 7, S. 457.

对内容而言它反倒是关系重大，这才是哲学的核心要点。精神与绝对唯有通过思维才能证成自身。

神圣的复活节要求向着思维的语言过渡，将意象性、对象性、时间性、偶然性和模糊性进行提纯。正因为神圣的耶稣受难日必须成为思辨的，故而复活节的表象也要过渡到思维中去。黑格尔在《哲学百科全书》中为这样的过渡给出一个小例子："神显示出了：他的本性即在于有一个儿子，就是说，区别开自己，有限化自己，然而在区别中仍然保持自身。"通过这个与儿子的统一，黑格尔将"在他物里自为存在"的意思表达出来了。创造物乃是绝对的他物，是思维自身的他物，在自身中认识自身并因而再次回返自身。对特殊和普遍真实的统一乃是个体性，但并非是那在表象中被揭示出的个别性，而是概念本身。表象和知性并不思维这一统一体，因为它们总是把概念建构成不可理解的东西。

自由的思维并不受限于被给予之物中，它证明直接性和中介性的不可分离，无限物和有限物的不可分离。按照黑格尔的看法，这一证明存在于对一个由陈述构成的体系中，其包含了否定性，这一体系要服从于可检验性，因而首先打开了一个相互连接的对话的空间，它打破了自说自话和胡言乱语的限制，使真正的对话成为可能。这一由命题组成的结构既包含传统意义上的隐喻也包含"过渡"意义上的隐喻，这一结构自身就是自我展开的论证，是符号活动和记忆的初步结果，在其中，名称的符号同时就是概念的符号。概念是事物自身的本性，是主体和客体的统一，因而思维知道自身乃是事物之本性。

思维能够以自己的方式把握神、绝对、无限，因为那些已经在表象中出现的有限的关联已经得到了克服，因为——就如黑格尔自己给出的关键的论点——思维自身的思维乃是唯一的关联，在其中主体性和客体性无差异地相互关联，在其中他物只是他物自身的他物，在其中全然是在自身中存在，而自我也在其中获得了其真正的自由，真正的自主——

在黑格尔对思维的种种思考中，"自由"这一概念是至高无上的。自由概念的缺席，正如上文已经提到的那样，据此必然会引发一种关于自由的实践哲学的丧失，会引发一种以自由意志的概念和法权概念为核心的哲学的丧失，进而出现这样一种糟糕的状况：使得人们不可能恰如其分地理解审美的表象形式与宗教的表象形式。对建构这样一种现代的自由而言，这种不可缺少的、丰富多样的、精彩纷呈的隐喻大军显然是不够的，而作为"灰色中的灰色"的列阵严整的概念军队同样是不可或缺的，这就使得我们对黑格尔和尼采的研究更加富有意义。我们尤其应当关注黑格尔的思有同一的原则，不论我们是否对此有意识，这种统一是我们一切行为和语言的基础。在这样一句使人惊讶万分的格言里，尼采似乎预料到了黑格尔的观念论中的根本秘密："我们只能认知这样一种实在，思想的实在。而这就是事物自身的本质吗？"[1]

除了对"过渡"粗略勾勒，哲学与文学间的精微区分，论证和叙述之间细致的差别仍有着重要的意义。哲学的长生不老药就是概念式的思维，它在概念和自身体系化的溯源中找到了自己的表达方式，而并非是在"补充性"的文学形式中——但是哲学不应该是"发生了什么东西的叙述，而是对其中什么是真的东西的认识，它还应该进一步对那在叙述中出现为单纯发生的东西，用真的东西来形成概念"[2]。以文学性的表达方式来阐明哲学，所达到的效果是含混的，并且也并没有将我们带向问题的核心。哲学史自然揭示出"审美的表象方式"、隐喻性-叙述性表达方式之现成存在，这不仅涉及在本文中已经被讨论过的皮浪主义的传统，而且也和它的对手"新柏拉图主义"的路线有关。但这些方式的在场只能意味着对哲学思想的表达还缺少有效的、合适的形式，它只是指出了一种并不完美的形式。

1　Friedrich Nietzsche, KSA 7, S. 471.
2　Hegel, *Wissenschaft der Logik*, TWA Bd. 6, S. 260.

在康德的视野下，这种形式或者表达类型同样也是事物之本质。向以表象方式来发生作用的文学的转化恰恰就发生在哲学思想形成的时刻，发生在这个至关重要的关节点上，这样一来，哲学化也就成了"理念诗"（Begriffsdichtung）了。对发散性的思想而言这种从"第一者到第二者的过渡的决定性的严谨性，柏罗丁（Plotinus）并没有加以哲学的和辩证的处理，而只是用想象的形象化的方式，表现出这种必然性"[1]。一种对"从本源而出的流溢出"或者"从日光而来的闪耀"的隐喻取代了概念应有的位置。在乔尔丹诺·布鲁诺（Giordano Bruno）那里，五彩斑斓的、任意被设定的隐喻和类比性的相互关联占据了主导地位；而雅各比·波墨的伟大精神禁锢在感性事物这棵坚硬多节的橡树缝里，禁闭在多节的、坚硬的表象的疙瘩里，概念在他那里还没有形成，因此他在思想教养方面依然落后。[2] 莱布尼茨的哲学论证和隐喻性的长篇小说类似，对这些表象而言，部分缺乏概念的连续性。哲学势必以一种与思想本身相适应的方式将自身表达出来，以概念式思维的方式来表达。所以在欧里庇得斯、席勒和歌德的作品中，哪怕是关于成熟的哲学思想的言论也显得不甚精确，部分是因为这些哲学论题只是在文学文本中被附带地表达出来的，部分是因为这些思想还没获得自己所特有的、合适于自身的形式。[3] 就在雅各比的论调——"用基督教的形式处理哲学"[4]，强调隐喻性和文学性——甚嚣尘上之际，黑格尔相反地坚持了哲学的根本任务，即概念的劳作的优先性。按照黑格尔的看法，这关涉到思维之根据在整个体系的内在关联中的使命，关涉到那种只能在体系性-溯源性领域中产生的、理性建筑术中的根基。康德与黑格尔都敏锐地关注到，其

---

1 Hegel, *Vorlesungen über die Geschichte der Philosophie*, TWA Bd. 19, S. 447.
2 Ebd., S. 20, 39, 98.
3 Hegel, *Vorlesungen über die Geschichte der Philosophie*, TWA Bd. 18, S. 111-112.
4 Ebd., S. 108.

实类比、隐喻、断片、格言，甚至"各类审美表象"的运用，都代表着一种欠缺，代表着"缺少有力的证明"。所有这些"理念诗"的主人公们都相信自己能在关键点上摆脱证明、寻找根据和论证的思路，但恰恰因此，他们沦落到了用认之为真来代替真实性的地步，沦落到陷入狂热的幻想，认为一切哲学都已死亡的地步。与此相反，黑格尔发展出一套从审美-神话式表象类型向着概念式思维的过渡的设计，反之亦可。在从概念向着表象的反向过渡中，哲学为自身提供了一种文学-神话式的形式，以便能使得哲学论题以幻想的方式得到阐明，能借助于多样性的图像化的方式去说明、去澄清，使其变得可被理解。[1]

正如本文开头援引黑格尔时提到的，我们究竟是作为思维着的存在并将我们表象为思维着的存在，抑或我们也知道我们自身确实是思维的存在，这依然保持为一种差别。黑格尔有意识地追随了伟大的亚里士多德。亚里士多德认为神话对思想而言并不是非常合适的媒介，黑格尔则坚持概念艰苦卓绝的劳作，强调将表象必然地被扬弃于概念式的思维中。黑格尔令人印象深刻地表明艺术、宗教和哲学间的区别，并勾勒出前两者的欠缺和"理念诗"的界限。文学和宗教的形式并不是研究哲学的适当形式。思想既然以自身为对象，则它的这种对象亦必须具有思想的形式，它自身亦必须提高到它自己的形式。[2]

（徐贤樑 译）

---

1 Hegel, *Vorlesungen über die Geschichte der Philosophie*, TWA Bd. 18, S. 81–113.
2 Ebd., S. 108.

第九篇

现代浪漫主义艺术
——论黑格尔的"艺术终结"思想

体现在艺术作品之中的含义和形态具有不同的组合范式，在确定这些组合范式时，历史文化关联和逻辑规定性、内容和形式互相交织在一起。艺术处于一种"中间"地位，介于自然和精神之间，它是精神化的感性自然和感性化的精神，在此意义上它是"中介者"和媒介。精神的"美"显现在艺术之中。在艺术中，具体的形态被提升为理念的符号，理念及其形态统一于"美的理念"，黑格尔称之为理想，即形态化了的理念。[1] 含义感性地显现出来，它被赋予相应的感性当下性，丰富的思想内容充分地呈现在感性当下之中，真理以感性的形式被表达出来。[2]

　　黑格尔从历史上和逻辑上论证了（艺术的）这种中间地位，它介于自然和自由之间。自然的精神性经由美的精神性上升到自由的精神性，在这种提升中，体系[3]和历史是一致的。形式和内容、理念和形态的各种统一方式是评价（艺术的）标准，它决定了艺术形式的历史发展阶段，也决定了具有典范意义的艺术表象方式或类型的发展道路。

1　Hegel, *Philosophie der Kunst. Vorlesung von 1826*, Hrsg. v. Annemarie Gethmann-Siefert, Jeong-Im-Kwon und Karsten Berr (Von der Pfordten), Frankfurt a. M, 2005, S. 66.

2　Hegel, *Vorlesungen über die Ästhetik*, TWA Bd. 14, S. 272, 242; *Vorlesungen über die Philosophie der Religion*, TWA Bd. 16, S. 136.

3　可以理解为逻辑体系。——译者注

黑格尔把人类自由的形成（过程）划分为三大阶段，相应地区分出艺术的三个历史发展阶段，美作为理念和形态的统一具有三种基本类型：（1）东方世界：自然的精神性之王国；（2）古代世界：美的精神性之王国；（3）现代世界：自由的精神性之王国。黑格尔构想了一条从自然经由美的"桥梁"进而过渡到自由的道路。艺术的历史阶段分别是：（1）东方的象征艺术，（2）古代的古典艺术，（3）现代的浪漫主义艺术。

在迪特·亨利希（Dieter Henrich）看来，黑格尔成功地从哲学上规定了现代艺术的基本特征，他的构想"直接隶属于当代"[1]。黑格尔（为美学）确定了原理，提供了基石，当今的艺术哲学可以以此为基础，黑格尔美学开启了当前艺术发展的哲学理解。同样，这也要求我们对黑格尔的以下观点做进一步的论证：怀疑论者的处境表明了现代诗歌的"主要特征"[2]。在浪漫主义艺术方面，黑格尔既对艺术作品具有远见卓识，又辅之以哲学的剖析，既精通专门的知识，又具有敏锐的哲学洞察力。

艺术的终结这一口号既大名鼎鼎，又臭名昭著，它是从艺术的历史发展三阶段中顺理成章地推论得出的；这三个发展阶段我们已经提及，它们以自然的精神性——美的精神性——自由的精神性这一教化"三部曲"为基础。在这种体系结构中，对应于历史世界的三段式，从质的角度来看不可能有更高级的"第四个"或下一个发展阶段。艺术的终结首先意味着从原则上排除进一步的、更高级的艺术发展阶段，意味着"放

---

1 Dieter Henrich, "ZurAktualität von Hegels Ästhetik", In: *Stuttgarter Hegel-Tage 1970*, Bonn: Bouvier, 1983. 对于这个问题的研究亦可参见 Annemarie Gethmann-Siefert, "Eine Diskussion ohne Ende: zu Hegels These vom Ende der Kunst", *Hegel-Studien*, Bd. 16.

2 Hegel, *Vorlesungen über die Geschichte der Philosophie*, TWA Bd. 19, S. 362. 关于黑格尔对怀疑主义的理解，参见 Klaus Vieweg, *Philosophie des Remis. Der junge Hegel und das "Gespenst des Skeptizismus"*, München, 1999; Klaus Vieweg, *Skepsis und Freiheit: Hegel über den Skeptizismus zwischen Philosophie und Literatur*, München: Fink, 2006.

弃关于未来艺术的幻想"(亨利希)，放弃关于后现代的幻想。伴随着自由的精神性的出现，人类获得其存在的基础，从这一基础出发，道德——人类的本真存在——才得以展开。艺术的终结并不意味着艺术的没落和衰亡；相反，它是自由艺术发展的开始，"美的艺术在其自由中才是真正的艺术"。

"艺术超越自身"

我们已经描述了内容和形式、含义和形态的组合方式，这种组合方式是描绘历史上艺术形式基本特征的标准。浪漫主义艺术既扬弃了东方（艺术）类型中理念和感性形式之间的不一致或不相称，也扬弃了古代古典（艺术）类型中理念和感性形式之间的"和谐一致"。浪漫主义艺术"以更高级的方式重构了这两个方面之间的区别和对立，这种区别和对立早在象征艺术中就已存在"，同时它"超越"了古典（艺术）的理想，超越了古典艺术形式及其表现方式。[1] 艺术"超越自身"的意思是，它抛弃了被和解了的精神的感性化因素，绝对在感性中的显像和显现（作为它在艺术中的形象化）达到了另一种水平，表达了"另一种关系"。在这种关系中，不仅美，而且不美都在表象中得以呈现。黑格尔说："艺术超越自身，然而它又在自己的领域之内，在艺术形式本身之中。"[2] 因此，艺术并不衰亡，相反它"总是不断提升并完善自身"[3]，但是，就含义和形态的关系而言，艺术经历着它的转型，这一转型具有最终的决定意义。自由的精神性包含着艺术的自由化和精神化。

---

1 Hegel, *Vorlesungen über die Ästhetik*, TWA Bd. 13, S.111.
2 Ebd., S. 112.
3 Ebd., S. 140.

艺术的自由化和精神化

我们多次强调，只有把绝对看作思维的自我关系，才能以最高的方式理解它。绝对和人性之间具有的同一性，只有通过思维把握才能被充分理解，因为这种同一性本身按其本性来说就是思维。精神的"根基在其自身之中"[1]，绝对是一，它从艺术中逃逸，成为思想的对象。[2] 精神最终摆脱了它与外物之间恰当完美的结合。精神在其自身中成为自由的，它在其自身中具有实在性，因为它就在自身之中，不在它的他者之中。[3]

这一洞见属于现代世界，它与古代世界有着"天壤之别"。这里获得的内容从本质上超出了古典的形式，因为在希腊人那里达到的绝对和人性之间的统一中所具有的主体性，不是内在的、主体的知识，概念（在那里）不占主导地位，这种主体性实质上只是表象——在神话中作为故事和艺术宗教。现代世界的精神"超越了艺术的最高发展阶段，它意识到了绝对"，"对于我们来说，艺术不再是真理的最高存在形式"[4]。在早期的文化中，表象的自我确定性占主导地位，它是人性和绝对之间的自在的统一性，而在现代占主导地位的是思维的自我关系、关于自在的统一性的知识、自由的主体性以及自由的精神性。

这种看法依据于直观、表象和概念这一基本的认识论区分[5]，依据于从表象到概念的必然过渡这一思想。从"表象的语言"过渡到"概念的语言"，在这最后一步我们才获得真正的内容。表象介于感性直观和思维之间，介于感性个别性和普遍性之间。与感性直观不同，在"内部的

---

1 Ascheberg, S. 179.
2 Hegel, *Vorlesungen über die Philosophie der Kunst*（Henrich Gustav Hotho），Hrsg. v. Annemarie Gethmann-Siefert, Darmstadt, S. 180.（以下引用时只注明 Hotho。）
3 Hotho, S. 179.
4 Hegel, *Vorlesungen über die Ästhetik*, TWA Bd. 13, S. 24, 141.
5 Hegel, *Enzyklopädie*, TWA Bd. 10, § 445–465.

图像"[1]这种形态中，我们已经获得一种感性的精神化。

哲学的任务在于以概念取代表象，精神只有"通过表象并借助于表象才能走向思维把握"。自由的精神性和自由的主体性作为现代的基本原则，它已不能通过审美的想象获得充分的体现，不能在艺术和神话中获得充分的表达。这一基本内容在根本上需要思维把握和概念表达，它必须被转化成概念。艺术是本质地、完全地把握绝对的方式之一，但是它失去了早先的优势地位。诗人不是唯一的配得上智慧头衔的人（诺瓦利斯），诗人虽然表达真理，然而是以一种特定的、自身有局限的形式表达出来的。黑格尔的哲学，包括其艺术哲学，是以知识为基础的，"那种在本质上不能描述为'美'的内在关系，现代世界赋予它理性的特征"[2]。现代世界主张思想自由和意志自由，它只有在思维把握中才能被充分理解，这里涉及一种状态，"这种状态排除感性经验的调和，但它自身更加丰富多样，从黑格尔意义上的真理来看，这种状态是本真的：它就是法的状态"[3]。自由的主体性是现代世界的"神经中枢"，这种主体性从其相应的艺术表现中"逃逸"，"思想和反思使美相形见绌"[4]。艺术只能担任一"部分"角色[5]，它失去了其绝对的约束力和强制力。此外，现代人"可以对艺术作品顶礼膜拜……就算我们认为希腊的神像还是如此的卓越，就算我们看到，神父、耶稣、玛利亚依然那么可敬、那么完满地呈现出来，然而这都无济于事，我们不会再对它们卑躬屈膝"[6]。

---

1 表象。——译者注
2 Dieter Henrich, *Zur Aktualität von Hegels Ästhetik*, S. 300.
3 Ebd., S. 301.
4 Hegel, *Vorlesungen über die Ästhetik*, TWA Bd. 13, S. 140.
5 Dieter Henrich, "Kunst und Kunstphilosophie der Gegenwart (Überlegungen mit Rücksicht auf Hegel)", In: *Immanente Ästhetik-ästhetische Reflexion. Poetik und Hermeneutik II*, München, 1996, S. 15 etc.
6 Hegel, *Vorlesungen über die Ästhetik*, TWA Bd. 13, S. 140.

从什么样的视角可以进一步规定这种自由的、精神化的艺术?

内在性和"精神的"美

浪漫主义的原则是精神自由,精神成为绝对的内在性,人返回自身,沉浸到自身的内在性之中。这种回程的完成意味着"人神同形同性论的完成"。人道、"人类心灵中的高贵与深邃"[1],以及普遍的人性居于中心地位,它是艺术的一个也是唯一的内容,"人类精神是真正自决的,它观察、思考并表达其情感和处境的无限性,任何东西,只要能够成为人类心中生气勃勃的东西,对于人类精神来说它就不再是异己的"。黑格尔把这种"不朽的人性"之显现看作现代艺术的绝对内容。[2] 从中可以得出现代艺术的若干重要规定性:

从"雕塑的客观性"到诗歌的主体性

"灵魂的内在性"和艺术的想象力被视为"精神之美"的领域,艺术的想象力是一种联想能力,它把诸表象组合成内在的美丽画面。人类心灵所具有的美就在这种内在性之中,"美的灵魂"是"表象和感受的内在时空"[3]。在古典艺术到现代艺术的过渡中,"美的灵魂"取代"美的身体"而占主导地位(让·保尔),从而摆脱了"外在感性材料"的束缚,"材料(获得了)观念性",这是一种表象的观念性。

攀升的人生历程

绝对的主体性并不仅仅停留于内在性,它必然显现在直接的主体性自身之中,显现在作为个体的"我的个性"(Ich-Heit)之中。真正的、具体的、个别的、特殊的主体显现为绝对性的定在。蒙田的口号:"我是我著作的唯一内容",为现代文学的基本形式奠定了基础。艺术的本

---

1 Hegel, *Vorlesungen über die Ästhetik*, TWA Bd. 14, S. 237.
2 Ebd., S. 238—239.
3 Hegel, *Vorlesungen über die Ästhetik*, TWA Bd. 13, S. 123.

质特征，即"塑造个别性"，十足地体现在现代性之中，现代性专注于表现这种特殊的个别性，专注于个体的性格和命运，并以文学传记的形式去表现它们。希佩尔的小说《攀升的人生历程》，继斯特恩的《项狄传》之后，系统地确立了这种（文学）特征。后来奥斯卡·王尔德（Oscar Wilde）把这种特征概括为："我们生活在这样一个时代，人们对待艺术的方式似乎就是要把它发展成一种自传形式。"[1] 文学形式的独白和富有诗意的自画像作为一种自我对话成为新的典范。它描写特殊个体的"生平活动"，包括个体的"求学生涯和旅行经历"，这种旅行和游荡带有独特的主体性。这是一种走进自身的发现之旅，具有多重视角和维度，涉及个体生命历程的多样性和偶然性，这种富有诗意的自传是充满想象的自我建构，这应了劳伦斯·斯特恩的一句话："一切故事都是我自己的故事。"[2]

艺术摆脱了特定的、有限的内容

回到内在性意味着突破特定的内容圈子，摆脱一切僵死的束缚，这是艺术和艺术家自律的支柱。艺术获得了解放，不再受任何宗教、政治、民族和地域内容的约束，这是一个解禁的过程，艺术摆脱了一切坚固的世界观的限制。人道是唯一的取向，由此得出，做世界公民是其根本的境界。成功的作品可以作为一种"世界性的艺术"获得认可，这同歌德对"世界文学"的理解具有相同的含义。

艺术的自律包含着卓越的批判力，这是一种不受约束、没有偏见的观察世界的能力，它剖析并描绘那些令人无法接受的、非人道的和非人性的行为与状态，以便呼吁人们不断对各种情况和状态进行必要的

---

[1] Oscar Wilde, *The Picture of Dorian Gray*, 转引自 Oscar Wilde, *Oscar Wilde's wit and wisdom: a book of quotations*, Mineola, NY: Dover Publications, 1998, S. 36.

[2] 参见 Klaus Vieweg, "Komik und Humor alsliterarisch-poetische Skepsis—Hegel und Laurence Sterne", In: *Skepsis und literarische magination*, Hrsg.v. Bernd Hüppauf u. Klaus Vieweg, München: Fink, 2003.

检验，这是反对一切生活领域中僵化与教条的重要手段。现代艺术无疑具有片面性，尽管如此，它对现代性做出了重要贡献，使之成为一种自由之文化。艺术通过把人性形象化地呈现于感性之中，能给人类提供一种基本定位，它"要求"人是自由的。从主体性这一普遍原则中可以产生多种多样的表现形式，这些表现形式使自由行动呈现出多种花样。比喻的形象化以及其中包含的对"多神论"和世界艺术的自由多样性的承认，可以使教化通向自由，并促进人类的美育。这种独特的主体性表现为一种"现代的英雄气概"，艺术不是陷于垂死的挣扎之中，而是赢得了崭新的、不可或缺的意义。

显现的自由：摆脱特定的形态

主体的内在性意味着"对一切外在性的战胜"，外在的形态对它来说无关紧要。[1] "现在不是用材料去表现内在性，而是内在性要显现在材料之中，材料应当附带地表明，外在性是不能令人满意的。内在性在其自身之中导致一种对立，与外在的定在相抗衡。"[2] 艺术家的主体性超出了其形式，不再受制于形式。[3] 材料被"释放"，它自身获得解放，而在古典艺术那里，形式是服从内容的。随着艺术在形式方面的解放，它获得了"意想不到的自由和灵活；艺术家能够把他们的精湛技艺越来越多地集中在艺术作品的形式因素上，集中在颜色、声音和各种不同的语言表达可能性等形式的搭配上"[4]。相异的质料、外在的感性材料获得解放，"它现在也可以'丑陋地显现'"[5]。在与历史上的风格形式之间的关系上，艺

---

1 参见 Hegel, *Vorlesungen über die Ästhetik*, TWA Bd. 14, S. 235。
2 Hotho, S. 182.
3 Aschebreg, S. 181.
4 Stefan Büttner, "Hegels Prognose für eine künftige Kunstform und Thomas Manns Roman Joseph und seine Brüder", In: *Unendlichkeit und Selbstreferenz*, Hrsg.v. St. Büttner, A. Esser, G. Gönner, Würzburg, 2002, S. 54.
5 Hotho, S. 182.

术家变成了一块"白板"，与此相应，历史上的所有风格和流派都失去了约束力，"形同虚设的博物馆成为一种对艺术家（创作）自由的侮辱"[1]。

含义和形态被割裂了，内在的主体性、绝对的内在性与外在的显现分裂开来，背道而驰，相互对立。理念和形式之间的不相称意味着，内在性显现于外在性之中，"在偶然情况下，内在性的显像可能违背其自身的含义"[2]。浪漫主义艺术表现为"一种飘浮于世界之上的回响，这个世界只能是内在存在的一种反射"。"反射"意味着，艺术"把自身显现出来"，艺术本身成为一种"彻底的显像"[3]。它成为显现的显现、"形式的形式"。"可以断定，这样的显现是自为的美的显现。"[4]浪漫主义艺术走向形式化，直到"对象性的东西"被消解。"音乐经历了其必然形式，直到它变得无关紧要；但是，不能认为它会随着这种消解而衰亡。"[5]

内在化的过程导致了所谓的对世界的"祛神化"，"神界的特殊性格走向统一，色彩斑斓的世界汇聚成一个光点"。"但是由于全部内容都集中在人类主体的心灵这一点上，并且这里的一切进程都被阻挡，所以，另一方面这个圆圈又会无限地扩展，它包含着无限的多样性。"[6]在形式方面，艺术的创造性不受"一切自然材料"的限制，这里敞开了（艺术）表现的一切可能性。连最普通的题材也能成为想象和表现的材料，黑格尔在这里特别指出荷兰黄金时代的绘画和现代小说。

含义与形态之间的不一致

精神在感性化中"和解"，这是古典艺术所特有的，它是真实的、

1　Dieter Henrich, "Kunst und Kunstphilosophie der Gegenwart", a.a.O., S. 14.
2　Hegel, *Enzyklopädie*, TWA Bd. 10, § 562.
3　Ascheberg, S. 180.
4　Hegel, *Vorlesungen über die Ästhetik*, TWA Bd. 14, S. 227.
5　Ascheberg, S. 180.
6　Hotho, S. 183.

直接的（艺术）表现方式，这种表现方式已经不合时宜了。含义在作品中形成，同时也在作品中被扭曲和陌生化。因此现代性在更高的层面上回归到东方特征，回归到象征和比喻。浪漫主义艺术必须立足于歌德式的《西东合集》（West-östlicher Divan），它必须扬弃东方特征和古典特征。黑格尔所推崇的诗人和东方学家弗里德里希·吕克尔特（Friedrich Ruckert）明确地用"幽默诙谐"来形容《哈里里韵文故事》（Al-Hariri's Maqamat，德语译本于1822年出版）的作者[1]，"他超然于他所描写的东西之上"，吕克尔特还把这种风格与塞万提斯的堂吉诃德进行了对比。[2] 歌德在他的《西东合集》中成功地运用了这种创造性的内化方法，它融合了机智的自由和主体的内在想象。精神获得自由的同时也重新获得了象征意义，获得了想象的坦率爽朗，这正是东方的自由活泼之精神。歌德晚年在东方气息的熏陶感染下，致力于研究这种无忧无虑、自由爽朗的性情。[3] 这里再引用（黑格尔的）一段话，这段话是关于歌德《西东合集》中的诗歌《寻获》，其中黑格尔眼中的东方文化特征（及其与佛教的关联）跃然纸上："不是一种主体的渴望、热恋、欲求，而是对对象的纯粹喜爱，是心灵在自身活动中感受到的亲切与欢愉，它以爽朗的形式使灵魂从一切现实痛苦纷扰的束缚中超脱出来。"[4] 这就是西方外衣之下的东方特征，是西方对东方的效仿。我们在这里涉及黑格尔对于一种"西东合集"的建构方案，这是一种融合西方知性与东方智慧的尝试。其核心思想在于构思两个层次的扬弃，首先，东方（艺术）扬弃于古典（艺术）；其次，古典与东方在现代达成统一。

比喻代表一种简化的象征，象征浓缩于图像之中，它具有形象性，

---

1 即哈里里。——译者注
2 Friedrich Rückert, *Die Makamen des Hariri. An die Leser*, Halle a.d. Saale 1822.
3 Hegel, *Vorlesungen über die Ästhetik*, TWA Bd. 13, S. 477.
4 Hegel, *Vorlesungen über die Ästhetik*, TWA Bd. 14, S. 242.

内容"透过"这种形象"显现"出来。含义形象化地显现在相近和相似的外在形式中。形象化来自一种转化和转换。(比喻)是一种简化的比照,(其中)只有图像被展示出来,要表达的含义必然是含糊的、多义的。[1]

在歌德、黑格尔和尼采眼中,劳伦斯·斯特恩是第一位现代小说家,他被认为是"双关语大师"[2],他的德国追随者让·保尔也被认为是擅长比喻技巧的名家。[3](在比喻中)含义和形态互相分离了,二者不相称。象征和比喻在浪漫主义艺术中占主导地位,不是对事物"直呼其名",而是婉转地表达。象征、神秘、谜和解密是黑格尔描绘东方特征的关键字眼。浪漫主义的想象重新拾起了比喻的偏好,比喻不是真实的外在性,它想象着有许多个世界,并且醉心于机智幽默地建构世界。"非真实的表达更多地属于浪漫主义",黑格尔提到莎士比亚和让·保尔的"华丽辞藻"。在席勒的著作中,充满了引人入胜的象征和比喻,诗人力求以表象的形式表达深刻的概念。

比喻给现代艺术打上了烙印,它的巨大力量体现在以下三个环节:首先,它使含义得到强化,不仅在感性中放大事实,而且关涉到多种类似现象。它运用类比措辞,促进多重联想。第二,诗歌想象在摆脱对象性方面迈出了重要的一步,在美中实现了"对外物的精神化"。第三,在比喻中最终显示出自由想象的渴望。含义,即内容、非形象化的概念,需要在相似的直观和图像中得到表达,由此可能产生出独特惊人的联想。

---

1 "ein Fluß von Tränen"这一语言表达具有多义性(可译为"流出眼泪"或"泪流成河"。——译者注),它可能出现在眼科医生的化验单上,也可能存在于一篇诗文当中,这时这个比喻则表达了悲伤或欢喜(的情感)。(Hegel, Vorlesungen über die Ästhetik, TWA Bd. 13, S. 516-523.)

2 Friedrich Nietzsche, *Menschliches, Allzumenschliches II*. KSA 2, S. 424-425.

3 参见 Klaus Vieweg, "Komik und Humor als literarisch-poetische Skepsis-Hegel und Laurence Sterne", a.a.O.。

在幽默中，我们仿佛回到了象征，含义和形态互相分离，只不过在现代是诗人的纯粹主体性自由地构造着奇特的秩序。首先，歌德和黑格尔异口同声地强调观看这些作品时带来的享受。歌德说，人们可以愉快地感受到一个"好心人"的亲近，他向我们倾诉衷肠，激发我们的想象力，宽容我们的缺点，肯定我们的优点。[1] 黑格尔则说到"心灵的高贵与深邃"。其次，二者都强调，那种神秘玄妙的内容以（含义和形态的）不相称、象征和比喻为基础，它给解密、反思和思考带来了挑战。现代人必须训练自己的能力，去解开那些"令人敬而远之的奇异谜团"[2]，对神秘莫测的问题做出最终解答。伦理之线索（在这里）还是隐秘的、隐蔽的、加密的、编码的、被掩盖着的。鉴赏趣味必然也会受到损害，丑陋、平庸、不和谐、含糊、不协调、磨损的记忆关联和矛盾对立，这些特征都可能存在。令人费解的东西呼唤着反思和认知，作品是（感性的）精神化，因而需要解释，这种解释能够成为作品的一部分。文本和绘画只有借助于相应的解释才能得以阐明，而不只是借助于阅读和观看。

艺术的精神化

精神化的这种趋势也体现在"材料"，即艺术媒介之中，也就是说，它趋于走向媒介的"观念性"，这种趋势体现在世界历史上就是从石头走向语言，从人体雕塑走向人的诗歌形象。在黑格尔看来，绘画、音乐和诗歌在浪漫主义艺术中占统治地位，颜色经由声音上升到语言，颜色形象的配制经由声音形象的组合上升到语言形象的创作。如今电影是这三种艺术重要的强有力的结合。

---

1 Klaus Vieweg, "Komik und Hurnor als literarissch-poetische Skepsis-Hegel und Laurence Sterne", a.a.O.
2 Ebd.

诗歌一直被认为是最具思想性和普遍性的艺术。它基于最高的理念符号：语言，感性因素的否定意义在语言中达到顶峰。语言的内在基础在于表象本身，在于图像和"想象"，想象是最具思想性和普遍性的形式。诗歌是一种艺术，"它能在任何形式中塑造和表达任何内容，只要这种内容能够进入一般的想象之中，想象本身是诗歌的真正材料"[1]。

文学怀疑论和现代幽默小说

综合以上各环节的研究可以得出，对于艺术终结而言，诗歌在浪漫主义艺术形式中具有特别突出的地位。关于这个问题，这里只需要给出一个简单的范例。在黑格尔看来，这个范例代表了现代文学最高阶段的第一个历史转折点，这部作品符合三项主要标准，黑格尔把这三项标准确定为现代（诗歌）艺术的最高水准：（1）形式上的个性独立和个性自由，个体的特殊性具有形式上的独立和自由；（2）大胆自由的想象；（3）诙谐幽默和玩世不恭的释放，幽默作为现代浪漫主义的诙谐。

自由精神性的这些要求完满地体现在劳伦斯·斯特恩笔下的现代幽默小说之中。《感伤之旅》，尤其是《项狄传》被认为是现代文学的奇葩，也是最早开启现代性怀疑主义的小说。这种小说代表了现代诗歌艺术中的重要范式转换，它是整个现代文学的"模范"，是现代艺术的典范。黑格尔赞扬斯特恩的幽默是真正的幽默，它具有"精神的深刻与丰富"。紧接着我们看到："在此我们到达了浪漫主义艺术的终点，这是最新的立足点。"[2] 他在另外一处说道："浪漫主义的终点正是我们称之为小说（Roman）的东西。"[3] 黑格尔强调，莎士比亚和塞万提斯是富有创造性

---

1 Hegel, *Vorlesungen über die Ästhetik*, TWA Bd. 15, S. 232.
2 Hegel, *Vorlesungen über die Ästhetik*, TWA Bd. 14, S. 231, 着重号为本文作者所加。
3 Ascheberg, S. 179.

的先锋,其德国的追随者主要有让·保尔、希佩尔和歌德。(1)个性的自由,(2)想象的自由,(3)诙谐的主体性之自由,体现在以幽默的态度面对世界。简述如下。[1]

在斯特恩风格的小说中,人物性格的个别性和特殊性得到鲜明地呈现。主体性获得了个体独一无二的个性。作者把小说看作一场"机智幽默的自我对话",作家有责任遵守蒙田的信条:我是我著作的唯一内容。按照这种信条,要刻画个体的人,比如他如何在醉酒的自然状态下踉跄地走来,他如何的摇摇晃晃,"他在此刻是怎样的情形,因为我关心他。我并不描写他的存在,而是描写他走路的过程"。这其实是自我在自身之内的漫游、漫步和游荡,我在我自身之中旅行,自我不断地、无休止地探求自身,这是我在自身之内的发现之旅,因而我被双重化了,却不能达到同一性。[2]"如此被设想的同一性不再是无言的赞同,在这种赞同中获得内心最深处的力量;赞同之中包含着差异,并保存差异,它勇于通过变易和言说显现自身。"[3]这涉及虚构的个体人生经历故事,这些个体在悲剧和喜剧中具有不同的兴趣、态度、世界观、矛盾和烦恼;也涉及表现个体的独特性与偶然性,描绘其求学生涯和旅行经历,这是一种富有诗意的自画像,其中伴随着主角的各种尝试、机缘、冒险、创新、独特、忧郁、奇想和"疯狂",按照上升或下沉的轨迹展现他们的成败得失。这是个体关于自身的独一无二的表象,是一种体现在比喻、象征、叙事形态中的自我关系和富有想象力的自我建构,它是表达自由、个性和自我意识的最高方式,这正是现代诗歌艺术的方式。

按照斯特恩的看法,必须"让每个人按照他自己的方式去讲述他的

---

1 参见 Klaus Vieweg, "Komik und Humor als literarisch-poetische Skepsis-Hegel und Laurence Sterne", a.a.O.。

2 Jean Starobinski, *Montaigne. Denken und Existenz*, München, Wien, 1993; Wolfgang Müller-Funk, *Erfahrung und Experiment: Studien zur Geschichte des Essayismus*, Berlin, 1995, S. 72.

3 Jean Starobinski, *Montaigne*, S. 52. 亦可参见 Stefan Zweig, *Montaigne*, Frankfurt: 1995。

故事"，也就是说，"如同他自身所是的那样来写作"，斯特恩戏谑地补充道，所有这些故事"要真实，因为它们都是我自己的故事"！人物性格的独特方面就"如同拉曼查[1]独一无二、无与伦比的骑士所具有的温柔正直的灵魂那般，我对这种性格特征情有独钟，包括它的一切愚蠢滑稽，胜过喜爱古代最伟大的英雄豪杰"[2]。现代主体性被认为是"现代的英雄气概"，浪漫主义小说不是希腊的史诗，在歌德看来，它是一种主观的叙事诗，其中"作者要求按照自己的方式来理解世界"。[3]在《项狄传》中，我们发现作者对自己及其著作，以及对人物性格问题进行了自我反思。歌德说，他（斯特恩）以"塞万提斯的口吻"写作，带着"塞万提斯的严肃"，"传记作家"不是"透过镜片"望穿灵魂，而是通过观察其"占主导地位的激情"来认识一个人的性格。歌德在他给斯特恩写的颂词中把"ruling passions"（占主导地位的激情）译作 *Eigenheiten*（特质、特征）。他认为，斯特恩具有知识和同情心，他发现了人性中最温柔细腻的东西：性格特质，也就是构造个体的那种东西。因此，普遍性被具体化了，在"奇妙绝伦的东西中总有一些玄机需要知性、理性和善意去识破，这些东西吸引着我们，让我们着迷"[4]。

"释放"包括内在的和外在的偶然性，巧合和任意作为精神中的偶然性在这里被赋予了充分的权利。大胆的想象被认为是浪漫主义的基本形式，它是体现在个体行为和遭遇中的荒诞离奇、毫无遮拦的独立性，是人生道路的开放性。黑格尔谈到，错综复杂的生命道路会出现这样那样的分岔，难以对"意外的冲突"通观全局。主体这种纯粹的、处于边缘地位的任意性，以及这种歧路与迷途将被化解。无意义的东西将被消除，包括"矛盾冲突的假象、奇想、任性、特别的反复无常、臆想的可

---

1 西班牙中南部平原地区。——译者注
2 Laurence Sterne, *Tristram Shandy*, a.a.O., S. 28.
3 Goethe, *Maximen und Reflexionen*, Werke Bd. 18, S. 496.
4 Goethe, *Lorenz Sterne*, Werke Bd. 18, S. 350–351.

靠原理和牢固准则"。自身无意义的、非本质的和无关紧要的东西只会走向灭亡。[1] 由此得出"一个正在自身之中解体的世界，因而它的事件和命运是滑稽可笑的"[2]，这是一个主观的爽朗的世界。诙谐的主体性表明自身是胜利者，在这个"颠倒荒诞"的世界中，艺术创造性的生产力超出了一切内容和一切形式。

在笑声中，在通过自身并在自身之中消解一切的个性中，"获胜的主体性"闪亮登场，自由主体性中所包含的主观的、富有诗意的形象性也随之闪亮登场。这种破坏性的世界幽默（Welt-Humor）是真正的"高级的幽默世界精神"（让·保尔），它扮演着"与生活存在巨大反差"、超级愚蠢的丑角，从而提供了一种释放。[3] 黑格尔认为，在现代，不仅东方人的客观爽朗，而且阿里斯托芬的精神和基调，在更高的层面上获得了重建，这种重建采取的形式是客观幽默，幽默的内在性得到了深刻的体现。[4] 精神幽默地建立了一个主观爽朗的世界，与此同时，现代性不仅试图回归古代的心神安定，而且试图回归东方皮浪主义的安宁与平静，试图把它拉回到记忆之中。

在黑格尔看来，东方特征和古典特征在浪漫主义特征和现代艺术之中达到融合与扬弃。内容和形式之间的不一致、不相称是典型的东方模式，这种模式在更高的层面上出现在现代艺术之中。现代艺术被看作内在的艺术，具有绝对的内在性，人沉浸到他的内心深处和"灵魂内部"。含义和形式被割裂了，内在的主体性和对象性分裂开来，背道而驰，相互对立。内在性仅仅显现于外在性之中，这种外在性作为偶然性与含义相对立。浪漫主义艺术表现为"一种飘浮于世界之上的回响，这个世界

---

1 Hegel, *Vorlesungen über die Ästhetik*, TWA Bd. 13, S. 97.
2 Hegel, *Vorlesungen über die Ästhetik*, TWA Bd. 14, S. 216–217.
3 让·保尔在东方的《沙恭达罗》诗剧中已经看到丑角的作用。
4 Hegel, *Vorlesungen über die Ästhetik*, TWA Bd. 15, S. 572.

只能是内在存在的一种反射"[1]。对象性和整个世界完全变成了一种假象，它被消解了。原来直接的表达方式失去了统治地位，含义在作品中形成的同时也被扭曲和陌生化。非真实的间接表达——比喻、象征、比拟，尤其是幽默——占据核心地位。

客观幽默虽然破坏了很多东西，但它并没有摧毁一切。主体性对其自身具有确定性，通过深刻的幽默，个性从自身及其有限的、虚假荒谬的目的之中超脱出来。[2] 幽默家并不否认"他与人性具有独特的亲缘关系"（让·保尔）。艺术作为"人性的导师"并不在于告诫人们不要做蠢事，而是在于自由的笑声和真正的客观幽默。在这种幽默中，人道的内涵见证了奇妙绝伦的东西。"精神的深刻与丰富"属于真正的幽默，"它把仅仅主观显现的事物作为实在的、意味深长的东西突显出来，把实体从偶然性本身和纯粹的意念之中提炼出来"[3]。

这里有更深层的内在关联，人性的这种内涵使"精神之光"（自由）在这种个体身上显现出来。[4] 自由的三个本质方面，即独特的个性自由，艺术想象力之自由和幽默诙谐的比喻之自由，在现代艺术中统一起来了。任性是实践中的偶然性，"偶然性也作为意志存在"[5]，尽管它有不足，但它是意志自由的必要规定，任性存在于以上提到的一切维度之中。因此，浪漫主义始终是一种"冒险行动"，一种披荆斩棘、胜负难定的大胆行为。

幽默按其主观本性来看尤其注重跳跃性，它是对自负、主观片面性和平庸内容的颠覆，而如今诙谐反倒变成了空洞乏味的"喜剧"。一种怪僻的倾向也在滋长，人们不再描写人生经历或世界游历，而是描写他

---

1 Hegel, *Vorlesungen über die Ästhetik*, TWA Bd. 14, S. 140–141.
2 Hegel, *Vorlesungen über die Ästhetik*, TWA Bd. 15, S. 218.
3 Hegel, *Vorlesungen über die Ästhetik*, TWA Bd. 14, S. 231.
4 Ebd.
5 Hegel, *Grundinien des Rechts*, TWA Bd. 7, S. 66.

对房间或用于祈祷的鼻烟壶的参观经历。如果说古代的诗人体现了一种"无风格的风格",他在其对象中失去了自我,叙事诗的朗诵者表现为"僵死的演讲工具",这种诗歌"继续自行演唱",那么,现代诗人则完全投入到自身之中来演唱,但他也可能陷入自身的陈腐和平庸之中。

艺术表现走向自身的解体和破碎,它"自身无能为力"(丹托,[Danto]),它知道这一点,并把这种无能为力表达出来,这就是无价值和无意义。但是,艺术并没有在这种反思中丧失自律和自治,它本身没有被剥夺自律和自治的权利。艺术不断地进行冒险的尝试,就如同历史在不断地玩火、于火山之上跳舞;同时,艺术能够在其本质中作为一种"要求"成为自由的赌注,这是一种难以令人接受的苛求。黑格尔并没有写过任何宣告艺术死亡的字句,他只是阐明了艺术受到威胁,有着内在的张力,它摇摆于"抽象性"和"具体性"、"建构"和"解构"之间,它具有悖谬性、歧义性、分裂性和对立性。"表现在审美之中的荒谬激起了反抗和惊叹。"(歌德)无论如何,黑格尔已经先行勾勒出 20 世纪艺术的重要发展趋势,这里仅仅列举若干关键词:非对象性、形式主义、象征主义、矫饰主义、印象主义、对位法和陌生化手法。艺术就像希佩尔和斯特恩早在 1800 年前后所描绘的那样:"在机智幽默的绚丽外衣之下,在轻松活泼的比喻和富有活力的象征装点之下","神秘莫测的斯芬克斯"显现了:"它集智慧、愚蠢、品位、无聊、温文尔雅的俏皮、特立独行的脾气和不堪忍受的平淡无奇于一身,令人费解。"

黑格尔对客观精神和绝对精神进行了区分,并确定了生活与艺术、日常与"节日"、工作日与礼拜日的区别。在黑格尔看来,现代艺术能够促成一种崭新的自由之文化,促进美育,而美育是通向自由的教化。历史和艺术作为"过渡阶段"走到了尽头。我们的冒险才刚刚开始,这是一种在人类事务中塑造人性的冒险,也是对现代艺术自由想象的挑战。黑格尔的艺术哲学具有不可动摇的现实意义,它勾勒了现代美学的基本原理，而进一步的建构工作需要我们来做。"按照艺术的概念，它的唯一使命就在于，把它自身之内的丰富的思想内容充分地在感性当下中呈现出来，而艺术哲学的主要任务必然是，对这种丰富的思想内容及其美的显现方式进行思维把握。"[1]

（牛文君　译）

---

[1] Hegel, *Vorlesungen über die Ästhetik*, TWA Bd. 14, S. 242.

附　录

哲学与文学
——作为一切哲学之自由面的怀疑主义

智慧（wisdom）不是黑格尔思想中的核心概念，对他来说，哲学本身就是智慧。因此智慧不在理性之上，它就是理性本身，或者如黑格尔所说的，智慧就是对自身思考的能力。这种看法隐含着一种思想，即理论理性和实践理性这两种目前为止截然相对的哲学维度是同一的。

我们遗憾地发现，即使在现在，对于黑格尔依然充斥着许多陈词滥调和狭隘的解读，比如许多对黑格尔的又臭又长的研究文章，它们将黑格尔看作是绝对的逻辑主义者，是极权主义的先驱：国家便是一切，个人无足轻重。与这些解读相反，我认为黑格尔通过他的理性的观念论、自由的观念论所表达出来的关于智慧的那些见解才是正统。即使在今天，一方面占主导地位的看法是由科学主义所支配的，这是一种经验实证性质的、对绝对事物充满怀疑的看法，而另一方面，却到处都是猖獗的浅薄，同时混合着对于信仰、感觉、直觉的求助，即一种既拒斥根据又拒斥论证、对即刻的直接性的呼吁。因此，我倾向于将黑格尔看作是一个现代意义上的思想家，个人朝向自由的解放在他的观念中处于核心地位，而且他的思想也应在哲学话语圈和学术课程中具有更大的影响。现在，通过黑格尔在美国的复兴，通过约翰·麦克道威尔（John McDowell）和罗伯特·布兰登（Robert Brandom）等著名分析哲学家对黑格尔研究的参与——黑格尔在他们眼中曾是不合大流的，我已经看到了上述希望的迹象。而黑格尔关于现代文明的自由与自主的思想观念体现在他的"作为一切哲学的自由面"的怀疑论中，在他囊括怀疑论的哲学思想中。

我们将从黑格尔关于古希腊的两个相关主题的讨论说起，即智慧的人与智慧。

《精神现象学》写于200年前的耶拿，它是现代哲学最有洞察力和最重要的作品之一。在第一章我们可以读到："我建议所有的独断论者，比如所谓常识的倡导者、哲学上的现实主义者、经验主义者，最好是'回到那最低级学派的智慧'，去学习谷神和酒神的厄琉西斯秘仪（Eleusinian Mysteries），学习关于吃面包和饮酒的秘密。"黑格尔同时也令人惊讶地说道："即使动物也并不是不懂得这个智慧，甚至表现出它们深深懂得这种智慧。因为动物并不把感官事物当作自在的存在，对它们抱静止不动的态度，而是对它们的实在性感到绝望，有充分信心把他们消灭，他们（动物）毫不客气地去对付它们，把它们吃掉。"[1]

第二个关于动物的例子是皮浪的一件轶事，他是古老的怀疑主义之父，这点黑格尔经常提到。在一艘处于猛烈风暴中的小船上，皮浪指着一头就像没事一样吃东西的猪，并对他那些惊恐不安的同伴们说道："智慧的人也应当像这样不动心。"但他立马又加了一句："但是哲人却不应该像猪一样，而应当出于理性。"[2]

下面我希望不仅仅说明"动物原则"的重要性，而且也想指明黑格尔关于智慧的理解：智慧需要真正的怀疑主义，即反教条主义、反原教旨主义，这本是哲学中不可分割的一部分。

黑格尔的学生，爱德华·甘斯（Eduward Gans）早已不断地强调过

---

[1] Hegel, *Phänomenologie des Geistes*, TWA Bd. 3, S. 91.
[2] Hegel, *Vorlesungen über die Geschichte der Philosophie*, TWA Bd. 19, S. 370.

自由是构建黑格尔思想的唯一要素,后来者的解读也同样将黑格尔哲学理解为关于自由的观念论。这种观点中肯地描述了黑格尔哲学的要旨,但这种评价的更为基础的一面需要得到进一步的审查:即在黑格尔反思怀疑主义的文本中,他将真正的怀疑主义视为"一切哲学的自由面"[1]。

理论和实践两种不同维度的评价主导着黑格尔关于怀疑主义的理解,一种颇具说服力的解释是,黑格尔通过一种真正的怀疑主义[2]扬弃怀疑主义本身。真正的怀疑主义——"思辨哲学将怀疑主义作为自己的重要组成元素"[3]——必须为理论认识和实践伦理之间的不可分离性和统一性提供保障,为均势原则与悬置、不动心与无反应的扬弃提供保障。

为了进一步分析这个问题,我们必须聚焦于黑格尔所做的重要区分,一是"真正的"怀疑与怀疑的思想所形成的各种独立学说之间的区分,二是"怀疑论的方法"(sceptical method)与"怀疑主义"之间的区分。我们在每一种坚实的、真正的哲学中都会发现:"很明显,只有当这些怀疑主义的观念以纯粹的、毫无杂质的特定形式显现自身时,我们才有可能意识到它,而当其面对将怀疑主义当作真正的怀疑主义的哲学观点时,它就会消失不见。"[4]

这种真正、可靠、真实的怀疑主义,康德称其为怀疑论的方法,本只是先验哲学的内在要求,现在被认为是任何真正的哲学体系所应内含的,用以作为"一切哲学的自由面"[5]。现在的问题,是这种自由应在何种基础上、以何种方式被理解。

---

1 Hegel, *Verhältnis des Skeptizismus zur Philosophie*, TWA Bd. 2, S. 227,着重号为本文作者所加。
2 Klaus Vieweg, "Philosophie des Remis. Der junge Hegel und das 'Gespenst des Skepticismus'", a.a.O.
3 Hegel, *Vorlesungen über die Geschichte der Philosophie*, TWA Bd. 19, S. 371.
4 Hegel, *Verhältnis des Skeptizismus zur Philosophie*, TWA Bd. 2, S. 227.
5 Ebd.

皮浪主义——个性自由与思想自由

黑格尔在其文本中，试图从塞克斯都关于皮浪主义模糊不清的解读开始确立怀疑主义的标准，塞克斯都将怀疑主义看作是一种艺术，一种均势原则以及作为其结果的悬置判断的能力，但同时也是一种"生活和行为之路的选择"，这种选择伴随着一种内心平和、不动心的幸福。其中主要的原则是一种"思想如平静之海"的期望，一种均势原则：任何论证都可通过另一等价论证来反驳。[1] 由于这种含糊和歧义，以及对传统怀疑论的熟悉，黑格尔将皮浪的怀疑主义区分出两面：作为"个性的主观性"（subjectivity of character）的原型的皮浪怀疑主义，作为"知识的主观性"（subjectivity of knowledge）的思维的皮浪怀疑主义。后一种形式是前一种形式的发展。[2]

"个性的自由"——作为一种生活方式的实践怀疑论

在最原初的皮浪怀疑论中，其"肯定性"的一面仅仅被保留在"个性中，在它对于自然法则的漠不相关态度"[3]。在这层意义上，相对主义、关系、关于确定性的不稳定性，以及关于有限性的认识，都展露出来了。"关于现实与确定性的全部复杂内容都被带到了不确定性的力量之中。"在这种对于自然的必然性的反抗中，皮浪主义者将自然看作是"无物"（a nothing），黑格尔则将其视为理性自由的第一阶段。[4]

在我们的个性中，在我们的生活方式中，在我们漠不关心的、让物是其所是（letting-things-be）的态度中，在我们的无反应中，我们将这种肯定的方面看作是实践上的漠不相关主义（indifferentism），一种根本

---

[1] Sextus Empiricus, *Grundriss der pyrrhonischen Skepsis*, a.a.O., S. 94-96.
[2] Hegel, *Verhältnis des Skeptizismus zur Philosophie*, TWA Bd. 2, S. 249.
[3] Ebd., S. 239.
[4] Hegel, *Verhältnis der Skeptizismus zur Philosophie*, TWA Bd. 2, S. 241.

的反对一切的不合作性（non-conformity）。"皮浪主义者在不动心中、在思想的平和中、在他们理解的行为中感受福祉（bliss），这一点是他们怀疑主义中的实际起作用的决定性因素。"[1] 灵魂中的幸福有如平静之海，安详、节制、沉着、单纯以及漠不关心，这些共同形成了实践伦理中的最高原则，即皮浪主义的核心实际上是一种实践哲学的公理。

不动心表现为一个怀疑主义者"不惧怕任何干扰、任何外在的规定性"。从这一肯定性的角度来看，它恰好佐证了黑格尔"这一怀疑主义对于任何哲学来说都不陌生"的观点，这也是第一个包含了实践维度的怀疑主义。在这种意义上，不动心被视为"哲人普遍的漠不相关态度"[2]。在这种原初的漠不相关的要求中，在对一切外在的"干涉"、预设和偏见的拒斥中，这种对"差异"的彻底否定意味着自由，即意志的自由潜能。皮浪的个人特质、生活方式就是他的哲学，"他的哲学仅仅个性的自由，怎么可能有哲学抗拒他的怀疑主义呢？"[3] 个性的个体性和自由——变得自由——意味着"只与自己同在"，意味着对他物（otherness）的绝对否定，我不是由"他人"、"外部"和"世界"决定，而只由我自己决定，我是自主的。在这种"自我建构"或决定中我与自己同在，所有的规定性完全消失了。我们面对的是这样一种自由，除了我自己明确的决心、我自己对生活方式的明确选择，其他任何规定性都被我们摆脱。黑格尔在耶拿时期曾深刻地描述过这种漠不相关主义和不合作主义："对客体世界的恐惧、伦理世界带来的约束，以及伴随着它们的所有外在的支柱……必须被摧毁。"所有看起来客观的、真实的、必然的都濒临毁灭，都消失在绝对的否定性中，只有对自我的确信才是最根本的事情。

1　Sextus Empiricus, *Grundriss der Pyrrhonischen Skepsis*, a.a.O., S. 31.
2　Hegel, *Verhältnis der Skeptizismus zur Philosophie*, TWA Bd. 2, S. 242.
3　Ebd., S. 242.

黑格尔将这种纯粹的主体性原则理解为一种纯粹与世界相连的实践关系，在直接性的层面上，自我意识被看作是欲望着的自我意识，被看作是一种摆脱了理论规定性或客观规定性的纯粹实践行为。其中"理论的"是指对所有肯定性存在的沉思，意识到存在本身并让物是其所是，"实践性"则意味着否定之物、独立之物、自我构建之物、决断之物、自我论证之物，以及自主之物。

关于对世界的理论关联与实践关联间的相互关系，早已在《精神现象学》以及《哲学百科全书》的主观精神的反思中被阐明了。在《精神现象学》的开篇，我们以感性确定性作为直接的、纯粹的、理论的开始，作为纯粹"接受"（taking in）的自然意识，这是纯粹客观性的第一阶段。"意识本身倒置"之后，感性确定性转变为自我确定性，纯粹客观性转变为纯粹主观性，直接的、自然的、个别的意识转变为直接的、自然的、个别的自我意识，因此纯粹的理论（直接确定性）转变为纯粹的实践，转变为在其直接性和个别性中、在其"个性的自由"中的生活方式。皮浪他自己就是这种类型的完美体现，他的哲学除了他自己的生活方式之外什么也不是，他从没写过任何东西，"理论性"似乎在自在存在的沉默中消失了。

黑格尔在其《哲学百科全书》中也将其（感性确定性）视为作为纯粹实践行为的自我意识的最初阶段，视为由个人特征和欲望塑造成的充满欲求的自我意识。所有的对象只是看起来具有独立性，但并不真实存在。它们只是转化为表象，然后在主体中变得无效和空洞。所有有限物都被看作是不自为的存在，即"无我"（selfless）或"奴隶"，在经由主体性（其中的欲望是"破坏性的、自私的"[1]）征服之后，它们被改变、被摧毁了。通过这种对实践性的绝对否定，对象被耗尽并表现为虚构的。

---

[1] Hegel, *Enzyklopädie*, TWA Bd. 10, S. 218.

在这种纯粹的实践关系中，一种作为通往有限性的最初途径的自然的观念论已经被扬弃了。动物在捕食有限物时内心毫无不安，这种非思辨性的动物行为可以代表观念论的这种形式。即使是在智慧最初级的学堂中，在厄琉西斯秘仪中，原初的怀疑论和观念论将自己呈现为对有限物无意义的确定性[1]，而需求、欲望、爱好是经验性怀疑者和经验观念论[2]的典型特征。皮浪怀疑论中实践的一面被黑格尔描述为一种"动物的意识"，使其免除了思辨的"污染"而在其纯粹的形式中真正的自在存在，这便是塞克斯都的怀疑论和观念论，所有的客观性都要被清扫出去，所有的对象都要转入到我的现象界（I-phenomena），转化为我的表象，原来那些在或然性观察和检测中的纯粹客观性被倒置了：现在我们处理的是"我的"发现和"我的"或然性观察。但是，这种根除客观性的企图却失败了，因为否定性本身就是确定性，内容一直被保留了下来，只是形式发生了改变而已。这意味着对象从存在的表达方式转化为了表象的表达方式，事情再也不是"现在这里的是什么"，而是"现在这里的是如何呈现给我的"。

皮浪主义者也许愿意将纯粹的生活方式看作是"哑然或沉寂的确定性"，但这种沉默也依然在言说，他的这种个体性的生活方式必然暗示着一种行为，一种在诸爱好与诸欲望中的选择。人们错误地认为让事物如其所是就是什么都不做，但那实际上也是一种进行确定的行为，当怀疑主义者声称（无论是否用语言的方式），他摆脱了意志，他摧毁了每一个建立在自我决定基础上的道德评价，他不想获得自由，他只想与任何事物保持一种未参与的关系时，他必须首先明白"他的自我决定"或"参与"是什么意思，而且他也无法逃脱内容和倾向的选择，无法逃脱规定性的选择（即使它从显现转化为了表象），无法逃脱意志和行为的

---

[1] Hegel, *Phänomenologie des Geistes*, TWA Bd. 3, S. 91.
[2] Hegel, *Vorlesungen über die Philosophie der Natur*, F. Meiner, 2003, S. 5.

必然性。皮浪主义者意欲他的无意欲（not-willing），选择他的不选择，拒绝做独立的道德评价，在他们孤立的漠不相关中，让物是其所是以及中立的态度除了是一种幻象、谬论外什么都不是。"选择"个人确定的意志，进行决定和行动乃是不可避免的行为。[1] 他们希望确定一个不是源自他自己决定的目标，这便是皮浪主义者的两难困境：没有目的被看作是目的，《哲学百科全书》的第 478 节到第 480 节对皮浪主义的这种在实践世界中的分裂特性做了更进一步的阐述：即作为任意性的纯粹、片面的主观性，与作为偶然性的纯粹、片面的客观性两者之间的对照。

　　意志作为任性是自为自由的，因为它作为对其只不过是直接的自我决定的否定性是自内反思了的。可是，就它的这种形式上的普遍性在其中决定自己成为现实性的那个内容还只不过是冲动和倾向的内容而言，它在现实上仅仅是主观的和偶然的意志。[2]

因此意志就成了纯粹的主观性，成了任意性，然而对主体的规定性依旧无法避免，依旧如塞克斯都所言，是偶然的、"降临到主体之上的某物"，是一种经验或一种偶然的刺激。自由意志中的本质开始分裂：不确定性和确定性，有意地选择和无意性，它们无法人为的综合，只有在任意性和偶然性中才能混在一起。只有在我是能动的且宣布放弃自己的时候，我才能规定自己。"诸特殊的满足的真理是普遍的真理，思维着的意志使成为自己的目的。"[3] 皮浪式的任意性将自己证明为普遍性中的必然性，幸福以表象的形式被设为目的，这种目的的设立又在同一种方式中被否定了，在皮浪主义预设的纯粹主体性中，我们进入了表象自我

---

[1] 在抽象的极端形式中，主观性的形式自由只适用于人类本身，即在自杀行为中对自我的绝对摈弃，我们所面对的不是一种生活方式，而是一种死亡方式。

[2] Hegel, *Enzyklopädie*, TWA Bd. 10, § 478–480.

[3] Hegel, *Enzyklopädie*, TWA Bd. 10, § 478.

意识与欲望自我意识的领域。[1]

在事情的另一方面，怀疑论者应该避免"宣称事物在本质上是好的或恰当的"，这种外部的行为或假设，被他看作是引起灵魂痛苦的恶魔。[2] 一方面他充满自信地做出"独立于一切客观性"、一切预设的"客观标准"、一切"职责"的评价，另一方面福祉又保持为一种客观、绝对的价值标准。[3] 由于这种立场，皮浪主义者赋予了福祉一种绝对的正当性[4]，他"享受着自己崇高的禁欲主义的美德"（尼采），尽管如此，禁欲、"自制"并不意味着拒绝价值判断，它们本身就是一种自我的价值定位，是自我的一种建构，在这种行为中它们确认了自己，获得了自己的"同一性"并与自己合而为一。

意识是"绝对自由的，它知道它的自由"[5]，它的自由好像是"自我给予"、自我建构的。所有规定性和差异的本质都是源自这种自我意识的漠不相关，源自这种不动心、平静（serenity），它自己本身的不变的真正的确定性。[6] 在皮浪主义的观点中，幸福就在这种不动心、纯净（undisturbedness）、恒久、自由的平静之中，这也是黑格尔为什么要在他的《精神现象学》中论及皮浪主义的实践哲学本质，论及一种真正自由的、幸福意识（happy consciousness）的经验。

黑格尔在其《逻辑学》的主观逻辑篇章也讨论了这一点并将其作为自我中的一面，作为纯粹自我意识的一面，即作为"一种纯粹的、自己

1　Klaus Vieweg, "Selbstbewußtsein, Skeptizismus und Solipsismus in Hegels Jenaer Systementwürfen I bis III", In: *Die Eigenbedeutung der Jenaer Systemkonzeptionen Hegels*, ed. Heinz Kimmerle, Berlin, 2004.

2　Sextus Empiricus, PH III, S. 235 (Hossenfelder, S. 186)，如果另外的人一直维持一种邪恶的环境，他会将自己看作是复仇女神的纠缠对象；如果他获得了他眼中有价值的事物，由于黑暗和失去它们的恐惧，他将承受灵魂的痛苦。

3　Sextus Empiricus, *Grundriß der Pyrrhonischen Skepsis*, a.a.O., S. 36, Hossenfeld 所著前言。

4　但是，（这种正当性）是唯一为自己的，并为此时此刻的。

5　Hegel, *Phänomenologie der Geistes*, TWA Bd. 3, S. 442.

6　Ebd., S. 161.

与自己相关的统一,并不是直接的,而是来自对一切规定性和内容的抽象,并转回到无限制地与本身等同的自由"[1]。这种不动心首次阐释了"个体的普遍性"和思考自由的必要条件与基础。黑格尔的《哲学史讲演录》以同样的方式将皮浪主义看作为自我意识的自由,不动心中最重要的不是真实(truth),而是自我确信,不是悲情中的,而是平静和坚定中的精神,这是一种对于福祉的意识,是一种对在有限性中游荡不定的解脱,这绝不是一种假惺惺的非理论性的纯实践性的态度,而是对世界的漠不关心,对根植于思想的法则的漠不关心。[2]

"思维着"的皮浪主义——"知识的主观性"

在第一部分比较清晰地展示了怀疑主义者的问题之后,黑格尔在随后的第二部分处理的是思维着的怀疑主义,这种怀疑主义将导向一种"知识的主观性"。不动心、沉着冷静、漠不相关不是从直接性,而是从认识中发展出来的,这种平和(equanimity)是通过理性获得的。为了达到这一高超的境界,必须要在精神上受过良好的教育、学习、锻炼与修行。[3] 自我就是共性(普遍性);统一,只有通过那作为进行抽象而出现的否定的对待,才是与自身的统一,并且因此才包含一切在自身中消解了的被规定存在。[4] 怀疑主义原本是指不带成见的观察与探索,这种审查的方法已经出现在皮浪那里,它的形式不仅仅是一种"动物"的生活方式。在黑格尔的《怀疑论文集》(*Essay on Scepticism*)和柏林的演讲中,都提到过皮浪和他的那些焦躁不安的同伴们的航海故事。他指

---

[1] Hegel, *Wissenschaft der Logik*, TWA Bd. 6, S. 253.
[2] Hegel, *Vorlesungen über die Geschichte der Philosophie*, TWA Bd. 19, S. 362.
[3] Hegel, *Die Philosophie der Geschichte (Heimann-Nachschrift 1830/31)*, ed. Klaus Vieweg, München, 2004, S. 157–158; Hegel, *Verhältnis des Skeptzismus zur Philosophie*, TWA Bd. 2, S. 238–239.
[4] Hegel, *Wissenschaft der Logik*, a.a.O., TWA Bd. 6, S. 253.

给他的同伴们看一头悠闲地吃着东西的猪,那就是一个有智慧的人应该有的生活方式。然而这种对于世界和自然规律的不动心不仅仅是一种"猪的态度",它也来自于反思。[1] 在皮浪主义者那里,他们自认为凌驾于必然性之上,视必然性为不存在之物,但与此同时又在它的普遍性中认可了它。在最开始的时候,皮浪主义旨在引导"如何更好地生活和思考",这是一种实践与思辨的有趣融合,也体现在黑格尔扬弃策略和包含策略(inclusion strategy)中。

这种思维着的怀疑主义随后也发生了衍变,成了极端的纯粹主观性的知识,它一方面不得不与其他不动心的观念(伊壁鸠鲁主义与斯多葛主义)对抗,并宣称要通过论证的方式来纠正独断论者的轻率;然而另一方面,由于怀疑主义的初衷所限,以及为了避免把自己卷入自己反对的对象中,它又必须避免任何论断性、争辩性的态度和话语。在任何主张中,都应该附加上"就像它在此时此地呈现给我的那样"这一主张,以取消其所声称的正当性。这样一来,皮浪主义者的声明依然保持在其主观性之中,同时也无法导向任何具有客观性的思考和判断。因此,这种纯粹否定性的、"过度"的怀疑主义就离开了哲学的领域,只能作为一段故事,讲述某个特定的、个别的生活方式。[2] 但如果怀疑主义者依然强调论证,那么他就可以被理解为一个温和的怀疑论者,他背离了纯粹主观性的初衷,并让自己变成了一个独断论者。

---

[1] Hegel, *Verhältnis des Skeptzismus zur Philosophie*, TWA Bd. 2, S. 238–239; Hegel, *Vorlesungen über die Geschichte der Philosophie*, TWA Bd. 19, S. 359.

[2] 哲学对这种漠不相关采取了一种相同的漠然:它与哲学毫无关系。在某种意义上,这些形式是坚不可摧的,因为它们并不是建立在论证的基础上。皮浪可以一直保持沉默,微笑或徘徊兜圈,对于黑格尔来说他也将一直是个乏味的哲学家。唤醒自己"内心神谕"的人"在与反对自己的人那里得到完成"(Hegel, *Phänomenology der Geistes*, TWA Bd. 2, S. 64.),黑格尔将这种典型的"徘徊兜圈"看作是"纯粹主观性发展到最顶点"时的"意识颠倒"。也参见 Klaus Vieweg, "Die Umkehrung des Bewußtseins selbst" (Contribution to the conference "Die Einleitung in Hegels *Phänomenologie des Geistes*", Prague, 2004, to be published in Prague 2005).

这种一直困扰皮浪主义者的两难困境在关于其基本思想的自我理解中完全展现了出来,即阿格里帕的五个比方,这些比方同时代表了论证和反论证,这使得它们成了哲学性论证和文学性描述的混合体。皮浪主义的陈述(生动呈现、比方)是处于论证和描述之间的形式,它们是处于感受和思考之间的表象(幻想)形式,黑格尔将它们带入论证的形式之中,并将其视作用来做考察工具的典范,一种对抗独断主义的自由思想。只有把它们扬弃为思辨性的思想,哲学才能免受那些异议的攻击。

怀疑主义的否定和无规定性,存在于个体与自身的简单一致性中,存在于自我造就的同一性中——这种同一性是察觉并承认"我之为我"的第一步,也是必要的一步,存在于自我意识的第一个环节,即自由决断和自由思维的确定性的第一个环节。黑格尔深知漠不相关主义的内涵,其中均势原则作为理论上的漠不相关,无反应作为实践上的漠不关心,即"思维自身中的这种不动心"[1]。它们是自我的建构,是自由的不可剥夺的一部分,是自由概念构建的第一步。这一作为整体的直接的自为存在,这一唯我论者的原则构成了在任何主体间性形成之前,对主体性进行思考的第一个阶段。

在现代的倾向中,理论和实践的唯我主义倾向具体形成于先验哲学中的主观唯心主义(自我主义[I-sim]),这是道德的更高形式,是个体和作为个性的纯粹意识的统一,它取代了个性。黑格尔认为这种个体性、主观个体性、自我中的要素(它同时也是一种漠不相关的普遍性)是一种不完全但又必然的要求;这是一种真正重要的思想,是"所有哲学的自由面"。

1　Hegel, *Phänomenologie des Geistes*, TWA Bd. 3, S. 161.

幸福意识与苦恼意识

根据黑格尔提到过的基本观点，皮浪主义意识的下一阶段是自由与非自由、幸福与不幸的双重意识，这是一种在自身中分裂的自我意识。它在自我理解中摇摆于自我同一的自由意识和茫然迷失的意识之间。"它对自己本身的这两个思想就始终结合不起来：有时它认识到它的自由在于超出有限存在中的一切紊乱和一切偶然性，而有时它又同样自己承认退回到非本质的东西中并徘徊于这些非本质的东西里面。"[1] 存在转化为假象（seeming），转化为主观的表象[2]，这种古老的怀疑论者无法使他的意识从日常生活中的目标超脱出来，这使得他在做出客观论断的意义上困于知性的层面。根据塞克斯都的观点，我们在生活中意识到显现了什么时，并没有将其联系到任何论断上。这些教条性的论断使得人们反感并让客观性成立。某事表现出来的样子才是标准，我们依据它把表现出来的东西、主观的东西理解为我的表象，这似乎是一种主观的认其为真。[3] 所有意志的规定性被看作是或然的，它们仅仅降临在个体身上，黑格尔称其为"偶然的刺激"[4]。怀疑论者的表象可以有这样或那样的内容，但无论他的内容是什么，它都不是他自己参与建构的，它只是一种偶然发生的直接性的内容。塞克斯都将"经验"看作是显现。"在我的经验中我不可能犯错"[5]，所发生的都是个人的和瞬时的，但经验的影响

---

1 Hegel, *Phänomenologie des Geistes*, TWA Bd. 3, S. 162.
2 参见 Hegel, *Wissenschaft der Logik*, a.a.O., TWA Bd. 6, S. 20. 在怀疑主义中被解释为"现象"的东西，在观念论中被解释为"显现"。"怀疑论者不会允许自己说'这是'；近代的观念论者也不会允许将自己的认识看作是关于物自体的知识。"
3 Hegel, *Verhältnis des Skeptizismus zur Philosophie*, TWA Bd. 2, S. 224.
4 Ebd.
5 Sextus Empiricus, "Gegen die Dogmatiker", Hansueli Flückiger, St. Augustin 1998, 1, §§ 193-197, 见脚注 7 与 9。

是否就是如此（比如白的还是甜的）还难以弄清。[1] 皮浪主义意识非常明白，并且确定地承认，它完全是一种或然的、个体的、经验的意识，这种意识"所追求的是对它没有实在性的东西，它所听从的是对它没有本质性的东西，它所做的和它所实现的是对它没有真理性的东西"[2]。这种个体的、或然的意识类似于"动物的生活方式"，它代表着抛弃自我人格和自由，它是一种"迷失了的"自我意识。[3]

除了个体的普遍性之外，纯粹的自我意识也包含着个体对他物的排斥，包含着在"自我空空如也的内部"一直持续存在的主观性。对否定性最极端的抽象化是在"绝对的自我主义"中，比如康德的自爱（*philautia*）、理性的自爱（rational self-love）、自我确认（acknowledgement of the self），这些几乎等同于自负的自爱、自大、意志的纯粹自私、个人的纯粹主观性、最恶劣的任性、狂妄的孤立和独处。这种任性行为的确定性保持了其或然性。它出现在个体身上，但无法在他那里发展成自由。主观性一面的任意性和客观性一面的或然性，揭示出了自由和必然之间未解决的矛盾，如弗里德里希·施莱格尔所言，在自我确定性固着之后，"实践上的顺其自然被看作是一种美德"。

在这种完美的漠不关心和无私中，没有目的成了意志的目的。始终有一种无法被看作是目的（一种正确的决定）的目的。这导致了建筑于教条性信念上的任意行为，价值的客观性仍然悬而未决。[4] 个体自我建立的普遍性遭到拒绝，意志和行为的所有确定性都陷入了"盲目的必然"之中。对自由意志的不同理解将会在它们的偏激行为中分裂。这种

---

1 Sextus Empiricus, "Gegen die Dogmatiker", Hansueli Flückiger, St. Augustin, 1998, 1, § 191。

2 Hegel, *Phänomenologie des Geistes*, TWA Bd. 3, S. 161.

3 Ebd.

4 Sextus Empiricus, PH I, 25. 皮浪主义者面对着每天的日常事务，这些事物携带着"温和的悲痛"偷偷强加在他身上。

分裂构成了怀疑主义意识：这儿是平原般的宁静和自由，摆脱了困惑（tarache）和疑惑、无常和同一的束缚；那儿又陷入迷惑和无尽的骚乱中，从现实落入"现象"，落入分歧、差异和分裂中。这种不断的摇摆以及和解的尝试到头来都各自失败了。

这种有意的不合作宣布与一切决裂，以对抗未经审视的遵循。一方面是自我主义的建构和自由的规定性，一方面是对于外部"命令"的无条件接受；理论上和实践上的自由与"哲学上"、"政治上"的消极截然相反。随处都可见到对于持久宁静和沉寂的心满意足（quiesco），这种心满意足与完全寂然的漠不相关主义并不相同，后面这种漠不相关主义其实是对任何事物不加区分的崇拜，是对"此时此地"（this）的颂扬。由于怀疑主义者没有在善与恶之间做出决断，在被给予必然性之前，在已存的惯性和常规之前，他依然是"毫无意见的"（opinionless），他只想使自己的行动与这些命令和常规相协调。意识的每一个安全的支柱，每一个传统的习惯都被立刻替换为行为的准则。现在的问题是，既然世界对皮浪主义者那自由的生活方式有如此多的限制，比如存在一个否定一切自由的暴君，那么他们该如何在这样的世界里行动。无论是穿衣的规定还是杀人的命令，作为保守者和传统者，他在将这些规定"搅拌融合"之后，也不得不承认这些既定的法则[1]，正如在后来的观念里，皮浪主义者信任一种不加区分的、不完满的习惯的实例。

个体性的自由在对真正的共和主义的反对中得到承认，这种共和主义是对"共和国"（res republica）和真正重要的政策的理性建构。一种对于世界的漠不相关成了现实，它是"理智上的自由"与"冷静的漠不相关"的混合体（爱德华·吉本），他内心中平静的佛陀有其另一面：他将自己表现为一个流浪者，一个漫无目的的游荡者。黑格尔用"徘徊

---

[1] 参见 Friedo Ricken, *Antike Skepsis*, Munich, 1994, S. 114-151。

兜圈"（hanging around）来暗指蒙田。因而这种自律的单子表现得像被他物支配的单子，原先那种坚定不移的宁静也摇身一变，成了永不停歇的冒险，它们具有酒神般狂躁的"松鼠的灵魂"，不停地在树木间跳跃（尼采）。黑格尔将处于幸福-苦恼双重意识中的堂吉诃德看作最典型的小说人物，他永远处于无反思的宁静和无拘无束的冒险游荡之中。黑格尔认为，在现代的幽默小说（以诗歌的表现形式）中有着个性自由的回归，这些小说中的主角，比如堂吉诃德和瓦尔特·项狄可以非常典型地代表现代诗学中的皮浪主义者。[1]

皮浪主义者思考了自由意识和自我主义的原则，他们认为伦理原则（比如共和国）是无意义的，却又不加批判地让这些无意义的东西指引着自己的行动。主观的、或然的任性表明自己为一种明显的矛盾——怀疑论者应将自己看作是一种特殊性，这种特殊性同时对他来说又是一种无意义。抽象个别性想把幸福设立为目的又同时否定了它[2]，就像他们现在的兄弟浪漫主义反讽家一样，皮浪主义者发现自己永不停歇地摇摆在自我创造和自我毁灭之间。

黑格尔将所有的这些分裂性看作是怀疑主义本质性的阿喀琉斯之踵，这种混乱的自欺欺人，这些内心的冲突，必须通过它自己的武器来反击自己[3]，以漠不相关回答漠不相关，作为一种思考和生活的方式，它必须经受批判。特殊性与普遍性、不确定性和确定性、自由与必然、主观与客观、个体与整体精神、道德与伦理实践，这些都被分裂为深渊的两边，它们成了两个维度，两种精神，两种状态。

这种漠不关心主义的思考和生活方式，黑格尔认为在晚期的罗马世界中有其雏形，不动心、均势原则和无反应是一个"真实、普

---

1 参见 Klaus Vieweg, "Komik und Humor alsliterarisch-poetische Skepsis. Hegel und Laurence Sterne", a.a.O.。
2 Hegel, *Enzyklopädie*, TWA Bd. 10, S. 299–300.
3 此过程参见 Klaus Vieweg, "Die Umkehrung des Bewußtseinsselbst", a.a.O.。

遍、现实的怀疑主义"的世界，这种"理性的荒芜世界"确实对那个时代来说非常相似于这样一种处境：现代人在他的时代中被吓回到自己的内心世界，并且一直待在那里不再出来。他的意识是幸福-苦恼的双重意识，他的生活方式类似于"正在死亡"（ongoing death），这既是一种生活方式，也是一种死亡方式。在雅典，政治上的消极主义走向一个死刑判决。在现代，政治上的消极以及虚伪的中立主义将会威胁和摧毁自由本身，自我确定性非常容易转化为独裁和野蛮。

黑格尔的目标似乎是建立一个道德意义上的自我（a moral I）。这个自我既不会被指责为迷失执着于一种不真实、不入世（unworldly）的"优美灵魂"（virtuous soul），也不会陷于日常生活的限制和惯例中无法脱身。[1] **主体性作为优美灵魂，客观地作为或然事实，传统与习惯只是片面的、不充足的注脚**。黑格尔所期望的是建构出在思辨和实践之外的"第三种"哲学，这种哲学旨在扬弃纯粹、片面的主观性和狭隘短见的客观性之间的分裂，扬弃怀疑主义（否定性）和独断主义（肯定性），扬弃服从和不合作，扬弃自由和必然。他想将哲学的地基建立在自我规定，建立在自由之上。

理论和实践观念的统一

黑格尔思想中关于理论和实践观念之统一的典型例子，就是逻辑学的开端与法哲学开端之间的相互对应，这一对应以《逻辑学》（以及《哲学百科全书》中关于绝对精神的章节）为其基础。逻辑的开端问题和实

---

[1] Hans Friedrich Fulda, "Einleitung", In: *Skeptizismus und spekulatives Denken in der Philosophie Hegels*, ed. Hans Friedrich Fulda, Rolf-Peter Horstmann, Stuttgart, 1996, S. 24，**着重号为本文作者所加**。

践哲学的开端问题一样，与对怀疑主义的扬弃密切相关[1]，我在这里只能说明他的基本思路。首先是《逻辑学》和《哲学百科全书》中知名的章节："决心纯粹地思考"和"决断"，这可以被理解为一种任意性，被决定性地提出。在《法哲学原理》中他比喻道："人类存在的最初萌芽"就在这种自我决心中，在不被规定的意志中，"中立"的漠不相关中。[2]

实践哲学的开端实质在《哲学全书》中主观精神的最后部分有所讲述，同时在《法哲学原理》的第5、6、7节也有解释。在这些初步的解释之后，一些明确地援引到了怀疑主义术语的章节也应被重视，包括皮浪主义和现代主观唯心主义的起源，尤其要注意怀疑主义思想的最高点、绝对的否定性、漠不相关性，以及作为费希特《知识学》出发点的自我同一。

自由作为意志的基础是出发点，怀疑主义原则的扬弃被解释为三步，对应于三个不同的层次：

第一环节（第5节）

意志的第一个要素首先是"纯粹的无规定性"、"在自我中的纯粹反思"，在怀疑主义的意义上，所有的确定性、所有的特定内容都还未成型，用易懂的理论语言来说，就是黑格尔称为的"绝对的抽象"、"纯粹的思维自身"[3]，理论精神和实践精神、理论理性和实践理性，它们的统一在这些关于意志作为"自由的理智"的文本中得到了认识。[4]假如不考虑这种无规定性、这种漠不相关性、这种确定性的流失，要想在普遍性中消除差异是不可能的。无论思想是什么样子，"放弃"（renunciation）都是思想成型的必经之路，只有思维着的我才能"摆脱一切事物，放弃一

---

1 参见 Klaus Vieweg, "Der Anfang der Philosophie-Hegels Aufhebung des Pyrrhonismus", In: *Das Interesse des Denkens. Hegel aus heutiger Sicht*, ed. Wolfgang Welsch & Klaus Vieweg, Munich, 2003。
2 Hegel, *Grundlinien der Philosophie des Reichts*, TWA Bd. 7, S. 63.
3 Ebd., S. 49.
4 Hegel, *Enzyklopädie*, a.a.O., TWA Bd. 10, S. 300-301.

切目的"[1]。这种根本性的不合作性、彻底的无规定性、不动心和漠不相关是否定性的自由。"无论是将思想看作从意志中分离出来的特殊能力，还是将其看作同样特殊的潜能……表明无论是谁，从一开始就对于意志的本性都一无所知。"[2] 思想与意志之间的区别只是理论和实践行为之间的区别，这两者本是无法分离的。在人们的行为中，这两者都是必然在场的，只有到了表象（理论的意识）中，思想和意志才有了区分。[3] 当这种未分化的无规定性、这种漠不相关性、这种抽象的同一的自我意识在其片面性中发挥自己的作用时，对所有规定性的必然取消、对所有差异的摒除将使得个别性融进普遍性之中。因此，这第一个环节被认为是一个有限但必要的过渡，联系到怀疑主义，抽象否定性可以解释为："自我意识的形式普遍性是意志自由的'抽象确定性'，但不是意志的真理。"[4]

在这种"有关意识的观点"中，在这种有关意识的哲学中（其停滞于这种精神的显现）[5]，自我的同一性只能表现为抽象的、形式的同一性，自我只与"这个作为它的否定物、对它而言的彼岸之物和隐晦之物有关系"。意识，如同一般的关系那样，是两个方面的独立性的矛盾和这两个方面都在其中被扬弃的它们的同一性。这涉及一种分裂，即与我有关的"根据"（ground）和与我无关的"根据"之间的分裂，二者各有其独立的存在。这种根据不得不被假定下来，因此不是自我建立的，而是知识要求的，它仅仅是一种直接性，对于怀疑主义的质疑无能为力。[6] 因此，黑格尔想将自我确定过渡到自我知识，通过这种"对直接性的最后

---

[1] Hegel, *Grundlinien der Philosophie des Reichts*, TWA Bd. 7, S. 51.
[2] Hegel, *Grundlinien der Philosophie des Reichts*, TWA Bd. 7, S. 49–50.
[3] Hegel, *Enzyklopädie*, TWA Bd. 10, S. 288.
[4] Hegel, *Grundlinien der Philosophie des Reichts*, TWA Bd. 7, S. 49.
[5] Hegel, *Enzyklopädie*, TWA Bd. 10, § 414, 415. 康德哲学将精神理解为意识，所包含的完全只是精神的现象学规定，而不是精神的哲学规定。它把自我看作是涉及一个按其抽象规定叫作物自体的东西。
[6] 同上，第414节。

否定",通过对晦涩不清、无法达到知识的根据的否定,进行理解的思维的内容便全是由思维自身所规定的了;就内容而言,作为自由观念的思维确实成了自由的。[1]

第二环节(第6节)

在第 6 小节里,第二环节的要素已经包含在第一环节之中,它描述了一种诡计,即关于假定的无规定性,以及一种知识无法到达的根据的诡计。黑格尔将命题"一切规定性都是否定"(*determinatio est negatio*)颠倒为"一切否定性都是规定"(*negatio est determinatio*)。所有抽象的规定性本身就没有规定,无规定性由于"在它自身的规定中总是某种抽象的东西",所以应该被看作是一种规定,知识所假定的直接性同时转化为了间接性,自我从未分化的无规定性过渡到差异、规定,并建立起了规定性,同时也过渡到自我的特殊性阶段。[2]

两个环节的统一(第7节)

无规定性和规定性、间接性和直接性、同一和非同一,双方其实都是抽象性:"无规定的意志与仅仅被规定的意志都是同样片面的。"[3] 在皮浪主义和主观唯心主义(作为现代怀疑主义的主要代表)中两者仍然是分裂的,它们都只是处于一种外部"附加进来"的关系中,两个阶段内在固有的否定性现在都无法长存。在费希特早期的观念论中,自由的原则,尤其是 1 和 2 两个阶段间的区别和规定性,是处于中心地位的。但是,这种原则"无法建立成体系",自由也无法"创造自己",自我的理论能力和实践能力被一种"冲动"(impulse)所限制,"并且无法从作为事实的我(I as a fact)中发展出来"。这种分裂仍是一种矛盾(这次是作为自我的内在本性),并被表达在欲望中,即职责是如何转化为行动的。

1　Hegel, *Enzyklopädie*, TWA Bd. 10, § 468.
2　Ebd., S. 52.
3　Ebd., S. 54.

克服分裂的努力，以及这种综合行为，表明自己只不过是一种要求，一种假设，一种自我毁灭的要求，也就是说，这种统一的要求永远没有达到的那一天。[1] 这种"永不停歇的冲动"是自我本性的规定性，这种规定性作为一种直接的规定性，"展现了漠不相关的一面，这是因为，即使是在自我之中，它也依然包含着一种直接的非存在"[2]。怀疑主义和费希特的观念论并没有克服这种直接性，因此也无法克服自由与必然之间的矛盾。只有意志中的那一面，作为绝对的无规定性、无限性的那一面，才被正面认同；自由被看作是"扬弃了所有的限制"[3]。而另一面，作为规定性和否定性的那一面，只被看作是有限性，被看作是缺陷。假如有一种社会能够实现所有理性存在的自由，那么它必须被看作是对自由的限制和摒除。黑格尔的论断是：自由必须消灭自己以达到自由，它必须将自我规定建立在一种不可被定义的基础之上。

在费希特关于社会、关于伦理共同体的思想中，人类变成了原子个人，受到外来法则的控制，普遍性分裂为原子式的个人聚集体，我们面对的是一种"已死的精神"，一种死亡了的伦理[4]，生活的道路变为了死亡的道路。他描绘的不是个人的自由联合，而是一种被威权控制的国家概览。在黑格尔那里，当社会被理解为对真正自由的限制时，将导致"最极端的专制"[5]。费希特的理想国家是被永无止境的规定与统治所塑造的："没有任何行为或活动是不符合规则的，它们处在直接的监视下……这样统治者会完全了解每个公民每天每小时在哪里、在做什么。"[6] 这种"反

---

[1] Hegel, *Differenz der Fichteschen und Schellingschen Systems der Philosophie*, TWA Bd. 2, S. 66-72.
[2] Hegel, *Wissenschaft der Logik*, TWA Bd. 6, S. 21.
[3] Hegel, *Differenz der Fichteschen und Schellingschen Systems der Philosophie*, TWA Bd. 2, S. 82.
[4] Hegel, *Phänomenologie des Geistes*, TWA Bd. 3, S. 355.
[5] Hegel, *Differenz des Fichteschen und Schellingschen Systems der Philosophie*, TWA Bd. 2, S. 84-85；费希特创造了一个皮浪主义者只能接受的理论模型。
[6] Hegel, *Differenz des Fichteschen und Schellingschen Systems der Philosophie*, TWA Bd. 2, S. 85.

思指挥的统治"，其结果是作为潜能、作为自由基本构成的无规定性被摧毁了，皮浪主义式的"降临"（befalling）转变为"纯粹洞见"（一种怀疑主义否定的现代形式）[1]的或然性。"在自由自我规定的任意性和或然性的倾向中，这一阶段被最彻底的知性所摧毁了，自我规定再也无法出现在洞察力的或然性中。"在这种转变中，没有人是胜利者，自由和必然之间僵持的对立依然在继续。

一种重要的分裂（自我与非我）在这两种怀疑主义（皮浪主义和主观唯心主义[思想怀疑主义的现代形式]）中产生了。人同时既是主人又是奴隶，如果"命令是出于人自身的，那么在他自己那里，命令和服从命令就是绝对对立的"，最终结果只能是"绝对的分裂"[2]。

理性很容易承认这两个方面：(1)意志会弃绝一切，(2)意志是被规定的，但它无论如何也达不到作为终点的"第三种"哲学，无法设想以上两方面统一起来的可能性。意志确信自身，知道自己是由"自我决定的"（在[自我]决定性的意义上），并且是由自我完成的（在现实化的意义上）。[3] 它必须被理解为两个阶段的统一，被理解为我的自我规定，即在否定自身的同时建构自身，在规定、限制自身的同时仍与自身保持一致，在他者中仍维持自身。[4] 自我不受这种可能性的拘束，而它之所以在其中，只因为它把自身设定在其中而已。[5]《逻辑学》中提供了这种本质性论断的证明："无限作为否定性只关涉自身，只关涉意识和能动性的最终起源。"[6]

---

1 参见《精神现象学》纯粹的识见部分。
2 Hegel, *Differenz des Fichteschen und Schellingschen Systems der Philosophie*, TWA Bd.2, S. 88.
3 Hegel, *Enzyklopädie*, TWA Bd. 10, § 469.
4 "自我意识的优势在于，一方面，它在它的各种规定中，没有动物本能的固定性，是任意的和偶然的，另一方面，它用自己的意志限定了这种任意性。"（Hegel, *Gymnasialreden. Redezum Schuljahresabschluß 1811*, TWA Bd. 4, S. 346.）
5 Hegel, *Grundlinien der Philosophie des Rechts*, TWA Bd. 7, S. 54.
6 Ebd., S. 55.

关于这两个阶段的未经考察的统一性起源于"还原主义"（reductionism），比如唯意志论（voluntarism）、主观主义（subjectivism）、决定论（determinism）和宿命论（fatalism）。主观狭隘的纯粹任意性与客观狭隘的规定性是一枚硬币的两面，它们相互转化成对方，以任意性的片面观点来看，意志是或然的。"在任意性中，内容不是由我的意志本性所包含的，不是我的，而是一种或然性，因此我只能依赖于内容，但这却与任意性的本质相矛盾。"[1] 这揭示了一种实践唯我论的困境，即处在漠不关心和虚无主义中的生活方式。由于任意性仅仅是纯粹主观和或然的意志，由于主体与客体间横亘着未经中介的对立，一种分裂产生了，它是"主人"的自我规定的意识与"奴隶"的被异己所规定的意识间的分裂，是独立的意识与非独立的意识之间的矛盾。[2] 比如，以先验诗为目标的反讽者那样的怀疑主义者，他们试图实现自身的特殊性，但实现出来的只是一种空虚，他们将福祉作为目的，但同时又否认它，他们表现出幸福-苦恼的双重意识，自由、摇摆的个人无目的地从一个或然游荡到另一个或然，有时他将自己看作是上帝，有时又是毫无意义的沙粒。他们找不到目的，只在一种变化的心境中游荡。[3]

不动心与良心

在《精神现象学》的伦理章节，以及《法哲学原理》中著名的"从道德生活到伦理生活"的相关章节，黑格尔进一步地挖掘了自由的自我

1　Hegel, *Grundlinien der Philosophie des Rechts*, TWA Bd. 7, S. 67.
2　Hegel, *Phänomenologle des Geistes*, TWA Bd. 3, S. 356.
3　参见 S. Kierkegaard, *Über den Begriff der Ironie*, GesammelteWerke, 31. Abt., S. 291. 亦参见 *Phänomenologie des Geist*, S. 356 与 *Vorlesungen über die Geschichte der Philosophie*, S. 20, 4/6。在他的自我中，主体知道他自己将成为绝对……他可以通过权力摧毁所有他为自己建立的规定性。

规定和规定性问题，这关涉到怀疑主义的扬弃问题。因为黑格尔认为，作为怀疑主义的变体，现代主观唯心主义（即纯粹意识与个体意识的同一，作为"自我主义"的先验唯我论）可以在对道德的特殊理解中进入实践。有两种观点需要简明地加以解释：

1. 对于黑格尔来说，良心是以抽象自我规定和"纯粹自我确定"的形式出现的主观性，他将其理解为不动心的现代形式，即自我意识把其他一切有效的规定都贬低为空虚，而把自己贬低为意志的纯内在性。[1] 纯粹直接的真理是"个人的任意性和个人的无意识的自然存在的偶然性"[2]。在自我确定的力量中，"它拥有绝对权力的至高尊严"。这种自身规定直接就是绝对符合于义务，义务就是知识本身。[3] 皮浪主义的意识是一个直接的停驻点，在那里现身的是既统一了普遍性又与普遍性无关的东西，它将普遍性不加区别地包含在自身之内；与皮浪主义相反，自我作为纯粹的自我认识与意志，它所必须的普遍性表现为"我＝我"，这是一切本质，也是一切存在。然而，道德意识还是封闭于它自己的内心深处而沉默无言，良心在语言中才现实化，"语言是行为的真正现实，是行动的合法化"，自我只有在这种语言中才是真实的，即自主的中心和实现了的自我意识。"它将自己当作真理，并在行动中认识和承认每一个自我。"[4] 黑格尔在它的极端形式（孤独的优美灵魂）中联系到了皮浪主义意识，意识在遮蔽自身中达到了它的极端抽象，达到了它最贫乏的形式。关于自我的意识"仅仅知道自己"，"所有生物和精神本质都回归到这种自我，同时也在这种自我中丢失了它的差异性"。这种表面上看起来平静的意识，它的推动力其实是极端的抽象，它并不稳定，并且处

---

1 Hegel, *Grundlinien der Philosophie des Rechts*, TWA Bd. 7, § 138, § 139, S. 259–265.
2 Hegel, *Phänomenologie des Geistes*, TWA Bd. 3, S. 473.
3 Ebd., S. 476.
4 Ebd., S. 479–480.

于一种持续的动乱、一种不断交替的建立和毁灭中。这也许可以当作一种暗指,即讽刺作品中的浪漫人物处于一种自我建立和自我毁灭中永恒摆动。黑格尔谈道:"苦恼意识和它自身的转化,即它是以自身为目的,但又发生在自身之内。"它永远无法表达出来,无法现实化(通过它自己的陈述),它只能停留在一种热切的渴望中。[1]

作为"选择"的根据,即按照规定性做出决定(每一种内容都有其确定性的烙印),《法哲学原理》中的相关章节进一步解释"知识、意识都是我的知识、意识",在这些解释之后,在§140中的许多讨论中,黑格尔都在处理主观性中的片面问题,以及它的僭越和颠倒。在最后,他再一次将浪漫派的反讽者看作是现代怀疑主义的本质形式,这种形式从费希特哲学中发展而来,吸收了皮浪主义中最重要的相对主义观念:即在自我建立和自我毁灭中的永恒摆荡。这种形式清晰地描述了分裂主义和它那永无尽头的道路,最后的"根据"被看作是一种直接的东西,知识对其无能为力,它只能被猜想、被相信,或是被诗性地表达。[2]

无论从思辨角度还是从实践角度,对于现当代哲学的怀疑主义-相对主义的主要倾向,以及"哲学的退化"问题,上述段落提供了一个有力的论断:在这种怀疑主义哲学的认识中,它的标准只是那些显现为表象的东西。它声称:"对于真理的知识是一种无用的徒劳,真理只能转瞬即逝地停留在知识的领域,因为知识只是表面上的东西。它不得不立刻成为行动中的表面原则,并因此在个体特异的世界观和他的特殊信仰

---

[1] Hegel, *Phänomenologie des Geistes*, TWA Bd. 3, S. 483.
[2] 以同样一种方式,浪漫派关于"先验诗"的观念摇摆在"概念的普遍性和形式的漠不关心中,既不是鱼也不是肉",既不是诗也不是哲学。浪漫派反讽家从相互对抗的力量本身中假装直接地"知道"它们的统一,同时将这种直接性以诗的方式表现出来。人的自我生活和自我意识依然维持在自身之内,以诗的方式说出来的东西是他对于自己生活的沉思。在"先验诗",在"哲学诗歌"和"诗性哲学命题"中所描述的东西,是浪漫派"优美灵魂"的个性。

中指明伦理生活。"[1] 当我不去追求有关真理的知识时，它并不影响我的思考和行动方式。

2. 反复无常的任性游戏，优美灵魂所保证的绝对自满，它们导向了实践上的原子主义。自主性变成了政治上的自闭症，变成了对世界的漠不关心。对黑格尔来说，真正的自由只能在思维中，并以从道德生活过渡到伦理生活的方式实现出来。伦理生活意味着主观与客观的具体同一，意味着主观意志与现实的善的具体的同一。在自由的理念中，不动心、作为自由自我意识的良心以及"实现为现实世界的自由观念"，都必须在符合理性的自由的制度化的意义上相互关联。对黑格尔来说至关重要的是个体自由的建立（其本身的价值是无比巨大的），以及以自由信念为基石的社会的建立，至关重要的是将自主与共和统一在一起的思想，这与怀疑主义的原子论和分裂论是完全相反的。

根据这些观念，黑格尔的实践哲学表明自己是扬弃怀疑主义的方案中的关键点，是克服理论与实践之间二元论的尝试性的努力，是"哲学的自由面"的保障，是具有"自由"内涵的现代哲学。不幸的是，这种自由的观念论被限制于局外人的身份，对于想要建立自由文明的现代世界，它难以被看作是一种重要的思想宝藏，虽然这种思想不必是黑格尔思想本身，因为在某种意义上，动物其实就是真正的观念论者，善良的老皮浪也许也能引导我们走上智慧之路。

（熊腾　译）

1　参见 Hegel, *Grundlinien des Philosophie des Rechts*, TWA Bd. 7, § 140。

图书在版编目(CIP)数据

黑格尔的艺术哲学／(德)克劳斯·费维克著；
徐贤樑等译.—北京：商务印书馆，2018
(复旦中文系文艺学前沿课堂系列)
ISBN 978-7-100-16439-9

Ⅰ.①黑… Ⅱ.①克… ②徐… Ⅲ.①黑格尔(Hegel, Georg Wehelm 1770—1831)-艺术哲学-研究 Ⅳ.①B516.35 ②J0-02

中国版本图书馆 CIP 数据核字(2018)第 172606 号

权利保留，侵权必究。

黑格尔的艺术哲学

〔德〕克劳斯·费维克 著
徐贤樑 等译

商 务 印 书 馆 出 版
(北京王府井大街36号 邮政编码100710)
商 务 印 书 馆 发 行
苏州市越洋印刷有限公司印刷
ISBN 978-7-100-16439-9

2018年8月第1版　　开本 640×960　1/16
2018年8月第1次印刷　印张 15¼
定价：53.00 元